1682

SAMMLUNG METZLER

REALIEN ZUR LITERATUR

ABT. D:

LITERATURGESCHICHTE

WINFRIED FRANZEN

Martin Heidegger

MCMLXXVI
J. B. METZLERSCHE VERLAGSBUCHHANDLUNG
STUTTGART

Für

CHRISTIAN

(der allzu oft nicht stören durfte)

zum 10. Januar 1976

ISBN 3 476 10141 X

M 141

 Satz und Druck: Gulde-Druck, Tübingen
Printed in Germany

Vorbemerkung

Das Manuskript für den vorliegenden Band wurde im September 1975 abgeschlossen. Für Hinweise zum 6. Kapitel danke ich Herrn Prof. Dr. Odo Marquard und Herrn Dr. Rafael de la Vega, ferner Frau Barbara Klose, Herrn Dr. Peter Probst (alle Gießen) sowie Herrn Prof. Dr. Ernst Tugendhat (Starnberg).

Gießen, den 24. September 1975

Winfried Franzen

Hinweise für den Leser

a) *Verweise* vom Typ »s. o. 8.2« beziehen sich auf die Abschnitte dieses Bändchens; auf das Verzeichnis von Heideggers Schriften (s. u. 1.3) wird in der Form »Nr. ...«, auf die Auswahlbibliographie (s. u. 2.3) in der Form »AwBibl ...« verwiesen.

b) Diese Einführung in Heideggers Philosophie erfüllt z. T. auch *bibliographische Funktionen.* Es handelt sich aber durchweg um eine *Auswahl* aus der sehr umfangreichen Literatur zum Thema ›Heidegger‹. Die Neuerscheinungen von 1974 konnten nur teilweise, die von 1975 nur in einzelnen Fällen noch registriert werden. Neben der deutschsprachigen Literatur wurden aus pragmatischen Gründen in der Regel nur noch englischsprachige und französische Arbeiten verzeichnet. Aus denselben Gründen wurden die Angaben zu den einzelnen Titeln auf das zur bibliographischen Identifizierung unerläßliche Mindestmaß beschränkt. Den Zugang zu – manchmal vielleicht wünschenswerten – weiteren Angaben (z. B. Erscheinungsorte von Zeitschriften und deutschen Monographien, Reihentitel u. a. m.) gewinnt man in den allermeisten Fällen durch die beiden Bibliographien von H.-M. Sass (s. u. 2.2), und zwar am besten über deren Personen- bzw. Namenregister. Bei der Suche nach bestimmten Titeln (von denen man vermutet, daß sie in diesem Bändchen verzeichnet sind) sollte folgendermaßen vorgegangen werden:

- Wenn der Verfasser bekannt ist, sollte i. e. L. mit dem Namenregister gearbeitet werden.
- Wenn Literatur zu einem bestimmten Thema oder Aspekt gesucht wird, sollte in jedem Fall zunächst die Auswahlbibliographie (s. u. 2.3) konsultiert werden, sodann die Literaturangaben zu den jeweils relevanten einzelnen Abschnitten der Kapitel 3 bis 6. (Sehr viele Titel der Auswahlbibliographie sind natürlich auch für die jeweilige spezielle Thematik der einzelnen Kapitel bzw. Abschnitte relevant; dort wird auf sie zwar in vielen, aber nicht in allen Fällen erneut verwiesen.)

- Ist das Thema, zu dem man Literatur sucht, durch einen bestimmten Namen repräsentiert (z. B. Hegel oder Sartre), so sollte wiederum das Namenregister herangezogen werden (in dem nicht nur die Namen der Verfasser, sondern auch diejenigen, die in den Titeln vorkommen, registriert werden).

Abkürzungen

a) Heideggers Schriften

ED	Aus der Erfahrung des Denkens
EiM	Einführung in die Metaphysik
Gel	Gelassenheit
Hum	Über den Humanismus
HW	Holzwege
ID	Identität und Differenz
KPM	Kant und das Problem der Metaphysik
N I	Nietzsche, Bd. I
N II	Nietzsche, Bd. II
PLW	Platons Lehre von der Wahrheit
SD	Zur Sache des Denkens
SF	Zur Seinsfrage
SuZ	Sein und Zeit
SvG	Der Satz vom Grund
TK	Die Technik und die Kehre
VA	Vorträge und Aufsätze
USp	Unterwegs zur Sprache
WhD	Was heißt Denken?
WiM	Was ist Metaphysik?
WiM-E	Was ist Metaphysik? Einleitung
WiM-N	Was ist Metaphysik? Nachwort
WM	Wegmarken
WPh	Was ist das – die Philosophie?
WW	Vom Wesen der Wahrheit

b) Zeitschriften und Sammelbände

APh	Archiv für Philosophie
APhQ	American Philosophical Quarterly
ARSP	Archiv für Rechts- und Sozialphilosophie
AwBibl	Verweis auf die Auswahlbibliographie in 2.3
Db	Durchblicke (s. AwBibl 134)
DVLG	Deutsche Vierteljahrsschrift für Literaturwissenschaft und Geistesgeschichte
DZPh	Deutsche Zeitschrift für Philosophie

HeidPersp	Heidegger – Perspektiven zur Deutung seines Werks (s. AwBibl 93)
JBSPh	The Journal of the British Society for Phenomenology
JEx	The Journal of Existentialism
JHPh	Journal of the History of Philosophy
MaW	Man and World
PhJb	Philosophisches Jahrbuch
PhPhR	Philosopy and Phenomenological Research
PhRd	Philosophische Rundschau
RevMM	Revue de Métaphysique et de Morale
RIPh	Revue Internationale de Philosophie
TPh	Tijdschrift voor Philosophie
WuW	Wort und Wahrheit
ZphF	Zeitschrift für philosophische Forschung
ZsTh	Zeitschrift für systematische Theologie
ZThK	Zeitschrift für Theologie und Kirche

Inhalt

1 Heideggers Schriften 1
1.1 Handschriften, Manuskripte (1) – 1.2 Gesamtausgabe (1) – 1.3 Einzelausgaben (3) – 1.4 Übersetzungen (9) – 1.5 Lehrveranstaltungen (9) – 1.6 Index, Kommentare zu »Sein und Zeit« (9)
2 Literatur über Heidegger 11
2.1 Allgemeine Bemerkungen (11) – 2.2 Stand der Heidegger-Bibliographie (12) – 2.3 Auswahlbibliographie (12)
3 Heideggers Leben 20
3.1 Zum Stand der biographischen Forschung (20) – 3.2 Äußere Lebensdaten (22) – 3.3 Einige biographische Hinweise (22)
4 Phasen der Heideggerschen Philosophie 28
4.1 Zur Vorgeschichte von »Sein und Zeit« 28
4.2 Die Existenzialontologie 1927–29 37
4.2.1 Zur Seinsfrage (38) – 4.2.2 Zur existenzialen Analytik (43) – 4.2.3 Zu den übrigen frühen Schriften (54)
4.3 Das seinsgeschichtliche Denken seit 1930 57
4.3.1 Überblick (57) – 4.3.2 Das Sein und seine Geschichte (60) – 4.3.3 Technik (64) – 4.3.4 Denken contra Wissenschaft (67) – 4.3.5 Sprache (68) – 4.3.6 Dichtung und Kunst (71)
4.4 Selbstinterpretation und Kehre 74
5 Heidegger und der Nationalsozialismus 78
6 Heidegger-Aspekte und Heidegger-Rezeption . . . 86
6.1 Zur ›Heidegger-Schule‹ (86) – 6.2 Heidegger und die Griechen (89) – 6.3 Heidegger und Thomas von Aquin (91) – 6.4 Heidegger und Kant (92) – 6.5 Heidegger und der deutsche Idealismus (93) – 6.6 Heidegger und der Marxismus (95) – 6.7 Heidegger und Nietzsche (99) – 6.8 Heidegger und Husserl (99) – 6.9 Heidegger und Wittgenstein (102) – 6.10 Heidegger und der Existenzialismus (104) – 6.11 Heidegger und die Theologie (112) – 6.12 Heidegger und die Literatur bzw. Literaturwissenschaft (115) – 6.13 Heidegger und die Psychoanalyse (119) – 6.14 Heidegger und die praktische Philosophie (120) – 6.15 Heidegger in den romanischen Ländern (122) – 6.16 Heidegger in Japan (124) – 6.17 Verschiedenes (126) – Nachtrag (129)
Namenregister 130

1 Heideggers Schriften

1.1 Handschriften, Manuskripte

Innerhalb des »Deutschen Literaturarchivs« beim Schiller-Nationalmuseum in Marbach am Neckar wird z. Z. ein spezielles Heidegger-Archiv aufgebaut. Es verfügt bereits – nach Auskunft des Direktors des Literaturarchivs – über eine Reihe von Manuskripten und Abschriften schon veröffentlichter Arbeiten. Weitere Manuskripte werden übergeben, sind aber noch nicht Eigentum des Archivs. Ob einmal der gesamte Nachlaß Heideggers in diesem Archiv gesammelt werden kann, läßt sich z. Z. noch nicht sagen.

1.2 Gesamtausgabe

Im Herbst 1974 begann der Verlag Vittorio Klostermann (Frankfurt am Main) mit den Vorbereitungen zu einer Gesamtausgabe der Schriften Heideggers (Titel: »Martin Heidegger: Gesamtausgabe«). In den vier geplanten Abteilungen soll jeweils das chronologische Prinzip der Entstehung zugrunde gelegt werden. Alle Bände sollen mit einem Register versehen werden. Der Plan der Gesamtausgabe sieht laut Verlagsprospekt folgendermaßen aus (die Zahlen am linken Rand bezeichnen die Nr. des Bandes):

I. Abteilung: Veröffentlichte Schriften 1914–1970
(mit Ausnahme der veröffentlichten Vorlesungen, die in der 11. Abteilung erscheinen)

1 Frühe Schriften 1914–1916
2 Sein und Zeit 1927
3 Kant und das Problem der Metaphysik 1929
4 Erläuterungen zu Hölderlins Dichtung 1944
5 Holzwege 1950
6 Metaphysik als Geschichte des Seins 1941–1946
[= Abschnitte VII bis X aus N II]
7 Vorträge und Aufsätze 1954
8 Was heißt Denken? 1954
9 Wegmarken 1919–1958
10 Der Satz vom Grund 1957
11 Identität und Differenz 1956–1958
[mehrere kleinere Schriften]
12 Unterwegs zur Sprache 1959
13 Aus der Erfahrung des Denkens 1951–1969
[mehrere kleinere Schriften]
14 Zur Sache des Denkens 1969

15 Heraklit 1970
16 Reden

II. Abteilung: Vorlesungen 1923–1944
Marburger Vorlesungen 1923–1928:
17 Der Beginn der neuzeitlichen Philosophie WS 1923/24
18 Aristoteles: Rhetorik SS 1924
19 Platon: Sophistes WS 1924/25
20 Geschichte des Zeitbegriffs SS 1925
21 Logik (Aristoteles) WS 1925/26
22 Grundbegriffe der antiken Philosophie SS 1926
23 Geschichte der Philosphie von Thomas von Aquin bis Kant WS 1926/27
24 Die Grundprobleme der Phänomenologie SS 1927
25 Phänomenologische Interpretation von Kants Kritik der reinen Vernunft WS 1927/28
26 Logik (Leibniz) SS 1928

Freiburger Vorlesungen 1928–1944:
27 Einleitung in die Philosophie WS 1928/29
28 Der Deutsche Idealismus (Fichte, Hegel, Schelling) und die philosophische Problemlage der Gegenwart SS 1929
29 Einführung in das akademische Studium 1929
30 Die Grundbegriffe der Metaphysik
Der Weltbegriff WS 1929/30
31 Über das Wesen der menschlichen Freiheit SS 1930
32 Hegels Phänomenologie des Geistes WS 1930/31
33 Aristoteles: Metaphysik IX SS 1931
34 Vom Wesen der Wahrheit WS 1931/32
35 Der Anfang der abendländischen Philosophie (Anaximander und Parmenides) SS 1932
36 Die Grundfrage der Philosophie SS 1933
37 Vom Wesen der Wahrheit WS 1933/34
38 Über Logik als Frage nach der Sprache SS 1934
39 Hölderlins Hymnen »Germanien« und »Der Rhein« WS 1934/35
40 Einführung in die Metaphysik SS 1935
41 Grundfragen der Metaphysik WS 1935/36
42 Schelling: Über das Wesen der menschlichen Freiheit SS 1936
43 Nietzsche: Der Wille zur Macht als Kunst WS 1936/37
44 Nietzsches metaphysische Grundstellung im abendländischen Denken: Die Lehre von der ewigen Wiederkehr des Gleichen SS 1937
45 Grundfragen der Philosophie WS 1937/38
46 Einleitung in die Philosophie WS 1938/39
47 Nietzsches Lehre vom Willen zur Macht als Erkenntnis SS 1939
48 Kunst und Technik WS 1939/40
49 Nietzsche: Der Wille zur Macht. Der europäische Nihilismus I. Trimester 1940

50 Grundfragen der Philosophie WS 1940/41
51 Grundbegriffe SS 1941
52 Nietzsches Metaphysik WS 1941/42
53 Hölderlins »Andenken« WS 1942
54 Parmenides WS 1942/43
55 Der Anfang des abendländischen Denkens (Heraklit) SS 1943
56 Logik (Heraklits Lehre vom Logos) SS 1944
57 Denken und Dichten WS 1944/45
(Ob auch die frühen Freiburger Vorlesungen 1916–23 veröffentlicht werden – als Supplement der II. Abteilung –, steht noch nicht fest.)

III. Abteilung: Unveröffentlichte Abhandlungen 1919–1967
Hier werden vorerst nur einige Titel genannt:
Der Begriff der Zeit 1924
Aus der Geschichte des Seyns 1939
Hegel: Die Negativität 1938/39
Beiträge zur Philosophie I–VIII 1936–1938
Besinnung 1938/39
Vom Ereignis I, II 1941–1942
Über den Anfang 1941
Das Wesen des Nihilismus 1946–1948
Einblick in das, was ist 1949
Die Grundsätze des Denkens 1957

IV. Abteilung: Aufzeichnungen und Hinweise
(Teilweise zu schon veröffentlichten Schriften; ansonsten noch keine näheren Angaben)

Bis zum Abschluß der Ausgabe dürften mindestens zwei bis drei Jahrzehnte vergehen. In den nächsten Jahren sollen erscheinen (laut Mitteilung des Verlages Klostermann):
1975 (IV. Quartal): Bde. 18 und 24;
1976: Bde. 9, 13, 19, 27, aus der III. Abteilung der Band »Der Begriff der Zeit« (1924) sowie evtl. Bd. 26;
1977: Bde. 2 und 5.

1.3 Einzelausgaben

Absolut vollständige Verzeichnisse aller bis 1972/73 erschienenen Schriften Heideggers finden sich in den beiden (unter 2.2 noch näher zu besprechenden) Bibliographien von Hans-Martin *Sass:* »Heidegger-Bibliographie« (1968) 3–21 und »Materialien zu einer Heidegger-Bibliographie 1917–1972« (1975) 1–11. Die Verzeichnisse von Sass sind chronologisch nach dem Jahr der Erstveröffentlichung angeordnet. Außer den üblichen bibliographischen Angaben finden sich noch Hinweise zu folgenden Punkten (u. a.): Zahl der Seiten, Zahl der Auflagen, jeweils letzte Auflage, Zeitpunkt der Entstehung (vom Veröffentlichungszeitpunkt oft erheblich abweichend); bei Bänden mit mehreren Beiträgen: Titel und Entstehungs- (u. U. auch Erstveröffentlichungs-) Zeitpunkt der einzelnen Beiträge. Das folgende Verzeichnis stellt zwar nur eine Auswahl dar, enthält aber alle wichtigen Schriften Heideggers. (Die Jahreszahlen rechts neben den Numierungsziffern bezeichnen das Jahr der Erstveröffentlichung; angeführt wird jedoch jeweils die in diesem Bändchen *zitierte* Auflage; Hinweise zum Zeitpunkt der Entstehung bzw. des Abschlusses der Niederschrift werden nur gegeben, wenn dieser vom Veröffentlichungszeitpunkt in nennenswertem Maße abweicht.)

1 1912 Das Realitätsproblem in der modernen Philosophie. In: Philosophisches Jahrbuch 25 (1912) 353–363.

2 Neuere Forschungen über Logik. In: Literarische Rundschau für das katholische Deutschland 38 (1912) 465–472, 517–524, 565–570.

3 1914 Die Lehre vom Urteil im Psychologismus. Ein kritisch-positiver Beitrag zur Logik, Leipzig 1914.

4 1916 Die Kategorien- und Bedeutungslehre des Duns Scotus, Tübingen 1916.

5 Der Zeitbegriff in der Geschichtswissenschaft. In: Zeitschrift für Philosophie und philosophische Kritik 161 (1916) 173–188.

6 1927 Sein und Zeit. Erste Hälfte, Tübingen [9]1960.

7 1929 Was ist Metaphysik? [Mit dem Nachwort der 4. Aufl. von 1943 und der Einleitung der 5. Aufl. von 1949] 9. Aufl. Frankfurt/M. 1965.

8 Kant und das Problem der Metaphysik, 4., erweiterte Auflage Frankfurt/M. 1973 [Bereits die 2. Aufl. von 1951 hatte ein neues Vorwort, die 3. Aufl. von 1965 eine neue Vorbemerkung; die 4. Aufl. enthält wiederum ein neues Vorwort und einen zusätzlichen Anhang mit einer Zusammenfassung dreier Vorträge, die Heidegger unter dem Titel »Kants Kritik der reinen Vernunft und die Aufgabe einer Grundlegung der Metaphysik« bei den Davoser Hochschulkursen (März/April 1929) hielt, sowie das Protokoll einer Disputation mit Cassirer im Anschluß an diese Vorträge].

9 Vom Wesen des Grundes, Frankfurt/M. [5]1965 [seit der 3. Aufl. von 1949 um ein Vorwort erweitert].

10 1933 Schlageter. Wiederabgedruckt in: AwBibl 107, S. 48 f.

11 Arbeitsdienst und Universität. Wiederabgedruckt in: AwBibl 107, S. 63 f.

12 Deutsche Studenten. Wiederabgedruckt in: AwBibl 107, S. 135 f.

13 Deutsche Männer und Frauen! Wiederabgedruckt in: AwBibl 107, S. 144–146.

14 Deutsche Lehrer und Kameraden! Deutsche Volksgenossen und Volksgenossinnen! Wiederabgedruckt in: AwBibl 107, S. 148–150.

15 Die Selbstbehauptung der deutschen Universität, Breslau 1933 [Rede zur Übernahme des Rektorats der Universität Freiburg i. Br.].

16 1934 Der Ruf zum Arbeitsdienst. Wiederabgedruckt in: AwBibl 107, S. 180 f.

17 Nationalsozialistische Wissensschulung. Wiederabgedruckt in: AwBibl 107, S. 198–202.

18 Schöpferische Landschaft – Warum bleiben wir in der Provinz? Wiederabgedruckt in: AwBibl 107, S. 216–218.

19 1936 Hölderlin und das Wesen der Dichtung. In: Das Innere Reich 3 (1936) 1065–1078.

20 1941 Hölderlins Hymne »Wie wenn am Feiertage...«, Halle 1941.

21 1942 Platons Lehre von der Wahrheit. Neudruck 1947 unter dem Titel: Platons Lehre von der Wahrheit. Mit einem Brief über den ›Humanismus‹, 3. Aufl. Bern 1954 [entstanden 1930/31].

22 1943 Vom Wesen der Wahrheit, Frankfurt/M. ^{4}1961 [entstanden 1930; seit der 2. Aufl. von 1949 erweiterte Schlußanmerkung].

23 Andenken. In: Hölderlin – Gedenkschrift zu seinem 100. Todestag, hrsg. von P. Kluckhohn, Tübingen 1943, 267–324.

24 1944 Erläuterungen zu Hölderlins Dichtung, 3. Aufl. Frankfurt/M. 1963 [in der 1. Auflage: »Heimkunft/An die Verwandten«, 1943; Hölderlin und das Wesen der Dichtung, 1936; zusätzlich in der 2. Aufl. von 1951: »Wie wenn am Feiertage...«, 1941; Andenken, 1943; zusätzlich in der 4. Aufl. 1971: Hölderlins Erde und Himmel, 1959; Das Gedicht 1968].

25 1947 Über den Humanismus, Frankfurt/M. 1968 [entstanden 1946 als Brief an Jean Beaufret; zuerst gedruckt unter dem Titel: Platons Lehre von der Wahrheit. Mit einem Brief über den ›Humanismus‹, 1947; gesondert erschienen seit 1949].

26 1950 Holzwege, Frankfurt/M. ^{4}1963 [enthält: Der Ursprung des Kunstwerks, 1935/36; Die Zeit des Weltbildes, 1938; Hegels Begriff der Erfahrung, 1942/43; Nietzsches Wort

»Gott ist tot«, 1943; Wozu Dichter? 1946; Der Spruch des Anaximander, 1946].

27 1953 Einführung in die Metyphysik, Tübingen ^{3}1966.

28 Der Feldweg, Frankfurt/M. ^{4}1969 [zuerst 1949 unter dem Titel: Der Zuspruch des Feldweges].

29 1954 Aus der Erfahrung des Denkens, Pfullingen ^{2}1965 [entstanden 1947].

30 Vorträge und Aufsätze, Pfullingen ^{2}1959 [enthält: Die Frage nach der Technik, 1953; Wissenschaft und Besinnung, 1953; Überwindung der Metaphysik, 1936–1946; Wer ist Nietzsches Zarathustra? 1953; Was heißt Denken? 1952; Bauen Wohnen Denken, 1951; Das Ding, 1950; »... dichterisch wohnet der Mensch ...«, 1951; Logos (Heraklit, Fragment 50), 1951; Moira (Parmenides, Fragment VIII, 34–41), 1951/52; Aletheia (Heraklit, Fragment 16), 1943].

31 Was heißt Denken? Tübingen ^{2}1961.

32 1956 Was ist das – die Philosophie? Pfullingen ^{4}1966.

33 Zur Seinsfrage, Frankfurt/M. ^{3}1967 [zuerst 1955 unter dem Titel: Über »Die Linie«].

34 1957 Der Satz vom Grund, Pfullingen ^{3}1965.

35 Identität und Differenz, Pfullingen 1957 [enthält: Der Satz der Identität; Die onto-theo-logische Verfassung der Metaphysik].

36 Hebel – Der Hausfreund, Pfullingen ^{3}1965.

37 1958 Grundsätze des Denkens. In: Jahrbuch für Psychologie und Psychotherapie 6 (1958) 33–41.

38 Vom Wesen und Begriff der PHYSIS – Aristoteles Physik B 1. In: Il Pensiero 3 (Milano 1958) 131–156, 265–290.

39 1959 Gelassenheit, Pfullingen ^{3}1967 [enthält: Gelassenheit, 1955; Zur Erörterung der Gelassenheit. Aus einem Feldweggespräch über das Denken, 1944/45].

40 Antrittsrede [vor der Heidelberger Akademie der Wissenschaften]. In: Jahreshefte der Heidelberger Akademie der Wissenschaften 1957/58, Heidelberg 1959, 20–21.

41 Unterwegs zur Sprache, Pfullingen ^{3}1965 [enthält: Die Sprache, 1950; Die Sprache im Gedicht, 1953; Aus einem Gespräch von der Sprache, 1953/54; Das Wesen der Sprache, 1957/58; Das Wort, 1958; Der Weg zur Sprache, 1959].

42 1960 Sprache und Heimat. In: Hebbel-Jahrbuch 1960, hrsg. von L. Koopmann, Heide in Holstein 1960, 27–50.

43 Hegel und die Griechen. In: Die Gegenwart der Griechen im neueren Denken. Festschrift für Hans-Georg Gadamer zum 60. Geburtstag, Tübingen 1960, 43–47.

44 Der Ursprung des Kunstwerks [Sonderausgabe; entstan-

den 1935/36, zuerst gedruckt in: Holzwege, 1950 (s. o. Nr. 26)]. Mit einer Einführung von H.-G. Gadamer, Stuttgart 1960.

45 1961 Nietzsche, 2 Bde., Pfullingen 1961 [enthält Vorlesungen aus den Jahren 1936–1940 und Abhandlungen aus den Jahren 1940–46].

46 Dank an die Meßkircher Heimat [Ansprache anläßlich der Ernennung zum Ehrenbürger der Stadt Meßkirch]. In: Meßkirch gestern und heute. Heimatbuch zum 700jährigen Stadtjubiläum 1961, 84–86.

47 1962 Die Frage nach dem Ding. Zu Kants Lehre von den transzendentalen Grundsätzen, Tübingen 1962 [Vorlesung von 1935/36].

48 Die Technik und die Kehre, Pfullingen 1962 [enthält: Die Frage nach der Technik, 1949/50; Die Kehre, 1949].

49 Ansprache zum Heimatabend am 22. Juli 1961. In: 700 Jahre Stadt Meßkirch. Festansprachen zum 700jährigen Meßkircher Stadtjubiläum vom 22. bis 30. Juli 1961, Meßkirch 1962, 7–16.

50 1963 Kants These über das Sein, Frankfurt/M. 1963.

51 Vorwort [Brief an W. J. Richardson]. In: W. J. Richardson: AwBibl 97, S. VIII–XXIII [englisch und deutsch] [auch in: PhJb 72 (1965) 397–402].

52 1967 Wegmarken, Frankfurt/M. 1967 [enthält die Texte Nr. 7, 9, 21, 22, 25, 33, 38, 43, 50, sowie: Aus der letzten Marburger Vorlesung (von 1928)].

53 Der europäische Nihilismus, Pfullingen 1967 [erneuter Druck von Teilen aus: Nietzsche, Bd. I (s. o. Nr. 45)].

54 1969 Zur Sache des Denkens, Tübingen 1969 [enthält: Zeit und Sein, 1962; Protokoll zu einem Seminar über den Vortrag »Zeit und Sein«, 1962; Das Ende der Philosophie und die Aufgabe des Denkens, 1964; Mein Weg in die Phänomenologie, 1963].

55 Die Kunst und der Raum – L'art et l'espace, St. Gallen 1969.

56 Dankansprache von Professor Martin Heidegger [in der Feierstunde zu seinem 80. Geburtstag]. In: AwBibl 137, S. 33–36.

57 Martin Heidegger. Zum 80. Geburtstag von seiner Heimatstadt Meßkirch, Frankfurt/M. 1969 [enthält die Texte Nr. 28, 39 (teilweise), 46, 49; dazu: Vom Geheimnis des Glockenturms, 1956; Über Abraham a Santa Clara, 1964].

58 1970 Phänomenologie und Theologie, Frankfurt 1970 [enthält: Phänomenologie und Theologie, 1927/28; Einige Hinweise auf Hauptgesichtspunkte für das theologische Gespräch über »Das Problem eines nichtobjektivierenden Denkens und Sprechens in der heutigen Theologie«, 1964].

59 Martin Heidegger im Gespräch, hrsg. von R. Wisser, München 1970 [Protokoll eines Gespräches zwischen Heidegger und Wisser im Rahmen einer Sendung des Zweiten Deutschen Fernsehens zum 80. Geburtstag von Heidegger, ausgestrahlt am 24. 9. 1969].

60 [Zusammen mit Eugen Fink] Heraklit, Frankfurt/M. 1970 [protokollierter Text eines von Heidegger und Fink im WS 1966/67 veranstalteten Heraklit-Seminars].

61 1971 Schellings Abhandlung über das Wesen der menschlichen Freiheit (1809), hrsg. von H. Feick, Tübingen 1971 [Vorlesung von 1936 sowie Manuskriptteile und Notizen von 1941 bis 1943].

62 1972 Frühe Schriften, Frankfurt/M. 1972 [Neudruck der Texte Nr. 3, 4, 5].

Einige Briefe

(Chronologische Reihenfolge; die längeren Briefe an Beaufret und Richardson sind jedoch bereits unter Nr. 25 bzw. 51 verzeichnet.)

63 An Edmund Husserl, 22. 10. 1927. Abgedruckt in: E. Husserl: Phänomemologische Psychologie, Den Haag 1962, 599 ff.

64 An Jean Wahl, 1937 (?). Abgedruckt in: J. Wahl: Existence humaine et transcendance, Neuchâtel 1944, 134 f.

65 An Max Kommerell, 4. 8. 1942. Abgedruckt in: M. Kommerell: Briefe und Aufzeichnungen 1919–1944, Freiburg 1967, 404 f.

66 An Emil Staiger, 1951. Abgedruckt in: E. Staiger: Zu einem Vers von Mörike. Ein Briefwechsel mit Martin Heidegger. In: Trivium 9 (1951) 1–16.

67 Leserbrief an »Die Zeit«. In: Die Zeit, Jg. 8, Nr. 33 vom 24. 9. 1953, S. 8.

68 An T. Kojima, 18. 8. 1963. Abgedruckt in: Begegnung. Zeitschrift für Literatur, bildende Kunst, Musik und Wissenschaft 1 (1965) 4–7.

69 An René Char, 6. 9. 1963. Abgedruckt in: Hommage à Georges Braque. »Derrière le Miroir«, Mai 1964, Nr. 144–146, Paris.

70 Leserbrief an den »Spiegel«. In: Der Spiegel, Jg. 20, Nr. 11 vom 7. 3. 1966, S. 12.

71 An Manfred S. Frings, 20. 10. 1966. Abgedruckt in: Heidegger and the quest for truth, hrsg. von M. S. Frings, Chicago 1968, 17 ff.

72 An François Bondy, 29. 1. 1968. Abgedruckt in: Critique 24 (1968) 433–435.

1.4 *Übersetzungen*

Übersetzer sehen sich im Fall der Heideggerschen Schriften wegen der z. T. sehr eigenwilligen Diktion und Terminologie vor große Schwierigkeiten gestellt. Trotzdem gibt es von fast allen Schriften Heideggers eine oder mehrere Übersetzungen. Über sie geben wiederum die beiden Bibliographien von Sass ausführlich Auskunft (vgl. »Heidegger-Bibliographie« 25–35, »Materialien ...« 15–26). Aus ihnen läßt sich u. a. folgendes entnehmen:

Heideggers Schriften sind in etwa ein Dutzend andere Sprachen übersetzt. Die am häufigsten übersetzten Schriften sind »Sein und Zeit«, »Was ist Metaphysik?«, »Holzwege« und – »Der Feldweg«. Von den 250 bis 300 Übersetzungen sind etwa die Hälfte solche in romanische Sprachen, wovon wiederum etwa drei Viertel zu gleichen Teilen auf spanische (darunter mehrheitlich lateinamerikanische) und französische Übersetzungen entfallen. Am auffälligsten sind jedoch die zahlreichen japanischen Übersetzungen. Sie machen knapp ein Sechstel sämtlicher Übersetzungen und damit fast soviel wie die englischen Übersetzungen aus. Das Japanische war die erste Sprache überhaupt, in die eine Schrift von Heidegger übersetzt wurde (»Was ist Metaphysik?« 1930). Auch »Sein und Zeit« wurde zuerst ins Japanische übersetzt (1939/40); inzwischen gibt es nicht weniger als sechs verschiedene japanische Übersetzungen von »Sein und Zeit«!

1.5 *Lehrveranstaltungen*

Die Themen von Heideggers Lehrveranstaltungen sind für die Entwicklungsgeschichte seines Denkens von einigem Interesse. Ein vollständiges – von Heidegger durchgesehenes und an einigen Stellen mit Anmerkungen versehenes – Verzeichnis sämtlicher Lehrveranstaltungen findet sich im Anhang von W. J. Richardson: AwBibl 97, S. 663–671. Die Themen der Vorlesungen aus der Marburger Zeit von 1923–1928 und der Freiburger Zeit von 1928–1944 sind auch aus dem Plan der Gesamtausgabe (s. o. 1.2) zu ersehen.

1.6 *Index, Kommentare zu »Sein und Zeit«*

Ein unentbehrliches Hilfsmittel bei der Beschäftigung mit »Sein und Zeit« (aber z. T. auch mit den späteren Schriften) ist der von Hildegard *Feick* zusammengestellte »Index zu Heideggers ›Sein und Zeit‹« (Tübingen 1961, 2. Aufl. 1968). Zu den (in alphabetischer Reihenfolge angeordneten) wichtigsten Begriffen und thematischen Stichworten aus »Sein und Zeit« werden jeweils angeführt: die einschlägigen Paragraphen, einige einschlägige Zitate sowie (dem Anspruch nach) vollständige Stellenangaben aus »Sein und Zeit«, ferner Angaben der Stellen aus späteren Schriften, in denen der jeweilige Begriff bzw. das jeweilige Stichwort erneut auftaucht. Angefügt ist ein Namenregister zu »Sein und Zeit«. Die 2. Auflage enthält zusätzlich: ein Namenregister für die nach »Sein und Zeit« erschienenen Schriften, ein Register, das die Stellen verzeichnet, an denen Heidegger sich zu ›Epochen abendländischen Denkens‹ äußerst, ein Verzeichnis von Stellen mit Heideggerschen Selbstinterpretationen sowie Seiten-Konkordanzen zu jenen Schriften, die in unterschiedlich paginierten Ausgaben erschienen sind.

Einen deutschsprachigen Kommentar zu »Sein und Zeit« gibt es bislang nicht. Der Erfüllung eines solchen Desiderats kommen aber zwei englischsprachige und eine französische Arbeit nahe (vgl. Chapelle: AwBibl 18, Gelven: AwBibl 34, Schmitt: AwBibl 106).

2 Literatur über Heidegger

2.1 Allgemeine Bemerkungen

Die Literatur über Heidegger hat beträchtliche Dimensionen erreicht: die beiden Bibliographien von Sass (s. u. 2.2) verzeichnen bis 1972/73 ca. 3700 Titel! Freilich handelt es sich dabei nicht ausschließlich um ›Sekundärliteratur‹ im engeren Sinne; miteingeschlossen sind vielmehr die zahlreichen Fälle, die nicht so sehr unter die Forschungs-, sondern eher unter die Wirkungs- bzw. Rezeptionsgeschichte der Heideggerschen Philosophie zu subsumieren sind.

Die erste – auch schon quantitativ bedeutsame – Phase der Beschäftigung und Auseinandersetzung mit Heidegger beginnt gleich nach dem Erscheinen von »Sein und Zeit« (1927) und reicht bis in die Mitte der 30er Jahre. Danach, in dem Jahrzehnt bis zum Ende des Krieges, gehen die Zahlen der Publikationen über Heidegger deutlich zurück. Die Gründe dafür sind zum einen wohl in Heideggers Verhalten von 1933/34 zu sehen, zum anderen aber und noch mehr in dem Umstand, daß Heideggers Philosophie seit 1934 nationalsozialistischen Diffamierungen ausgesetzt war. Freilich hat Heidegger auch und gerade in dieser Zeit größte Wirkungen ausgeübt, nicht zuletzt im Ausland, und zwar besonders in Japan und in den romanischen Ländern, zumal in Frankreich. Umgekehrt gewannen dann viele aus der jungen Generation (die Heideggers Wirkung in den 20er und 30er Jahren nicht miterlebt hatten) über den französischen Existenzialismus Zugang zu Heideggers Philosophie. Deren größte Wirkung fällt in die Zeit zwischen der zweiten Hälfte der 40er und der ersten Hälfte der 60er Jahre. Besonders seit 1949 nimmt die Zahl der Publikationen sprunghaft zu. Spätestens seit der Mitte der 60er Jahre ist Heidegger in der (west-)deutschen Philosophie dann nicht mehr die beherrschende Figur, die er lange Zeit zweifellos war. Dennoch wird nach wie vor sehr viel, ja mehr als je zuvor über ihn geschrieben. Den Höhepunkt in dieser Hinsicht bildete die Zeit um und kurz nach Heideggers 80. Geburtstag (September

1969), also etwa die Jahre 1969 bis 1971. (Zur Rezeptions- und Wirkungsgeschichte vgl. auch unten 6.1, 6.6, 6.9 bis 6.17.)

2.2 *Stand der Heidegger-Bibliographie*

Es dürfte nicht viele Philosophen geben, die bibliographisch so gut erfaßt sind wie Heidegger. Die erste dem Anspruch nach vollständige Bibliographie stellte Hermann *Lübbe* zusammen (Bibliographie der Heidegger-Literatur. In: ZphF 11 [1957] 401–452, auch als Sonderdruck). Sie ist inzwischen überholt durch:

1. *Hans-Martin Sass:* Heidegger-Bibliographie, 1968.
2. Materialien zur Heidegger-Bibliographie 1917–1972, unter Mitarbeit von R. M. Gabitova, T. S. Grigoljuk, E. Landolt, T. Kakihara und T. Kôzuma hrsg. von *H. M. Sass,* 1975.

Man darf sagen, daß die bis 1972 erschienene Heidegger-Literatur durch diese Bibliographien nahezu vollständig erfaßt ist. (Allerdings sind die Angaben leider nicht in allen Fällen zuverlässig.) Es sind verzeichnet: Heideggers Schriften, Übersetzungen von Heideggers Schriften und Literatur über Heidegger, jeweils bis 1972. In den »Materialien« gibt es neben zwei Spezial-Kapiteln (›Heidegger in Japan‹ und ›Literatur über Heidegger in der Sowjetunion‹) ein von E. Landolt zusammengestelltes ›Register zur Literatur über Heidegger 1917–1967‹, in dem die in der »Heidegger-Bibliographie« von 1968 verzeichnete Sekundärliteratur nach ca. 1000 (Namen- und Sach-) Stichwörtern aufgeschlüsselt ist.

Die beiden Bibliographien gehören (zusammen mit dem Index von H. Feick, s. o. 1.6) zu den absolut unentbehrlichen Hilfsmitteln jeder näheren Beschäftigung mit der Heideggerschen Philosophie. (Nach Auskunft des Verlages Anton Hain in Meisenheim am Glan, in dem die Bibliographien erschienen sind, soll die Arbeit zur Erfassung der Heidegger-Literatur auch in Zukunft fortgesetzt werden.)

2.3 *Auswahlbibliographie*

(Zu den Prinzipien und zum Verfahren der Literaturangaben in diesem Bändchen vgl. oben S. VI f. die ›Hinweise für den Leser‹.)

Die folgende Bibliographie bringt eine kleine Auswahl wichtiger Titel; sie verzeichnet i. e. L.: Einführungen, Standardwerke, Gesamtdarstellungen, wichtige Spezialarbeiten, vereinzelt und verlegenheitshalber auch Arbeiten, die in den speziellen Kapiteln dieses Bändchens nicht so recht ›unterzubringen‹ waren, andererseits aber doch nicht unterschlagen werden sollten. Bei der Auswahl wurde in vielen Fällen auch auf Markierung und Dokumentierung bestimmter Stadien und Positionen innerhalb der Geschichte der Heidegger-Deutung bzw. -Forschung abgehoben. (*Nicht* berücksichtigt wurden dagegen Artikel und Abschnitte über Heidegger in Lexika, Handbüchern, Nachschlagewerken und philosophiegeschichtlichen Darstellungen.)

1 *Th. W. Adorno:* Jargon der Eigentlichkeit. Zur deutschen Ideologie, 1964 und später.

2 *B. Allemann:* Heidegger und die Politik. In: HeidPersp 246–260.

3 *F. Alquié:* Existentialisme et philosophie chez Heidegger. In: La revue internationale 10 (1946) 224–252, 333–342.

4 *K.-O. Apel:* Heideggers philosophische Radikalisierung der ›Hermeneutik‹ und die Frage nach dem ›Sinnkriterium‹ der Sprache. In: Die hermeneutische Frage in der Theologie, hrsg. O. Loretz u. W. Strolz, 1968, 86–153.

5 *H. Arendt:* Heidegger ist achtzig Jahre alt. In: Merkur 10 (1969) 893–902.

6 *E. G. Ballard* u. *Ch. E. Scott* (Hrsg.): Martin Heidegger: In Europe and America, The Hague 1973.

7 *J. Beaufret:* Dialogue avec Heidegger. I: Philosophie grecque, Paris 1973. II: Philosophie moderne, Paris 1973. III: Approche de Heidegger, Paris 1974.

8 *W. R. Beyer:* Vier Kritiken: Heidegger – Sartre – Adorno – Lukácz, 1970, 15–116.

9 *W. Biemel:* Le concept de monde chez Heidegger, Louvain, Paris 1950.

10 *W. Biemel:* Martin Heidegger in Selbstzeugnissen und Dokumenten, 1973.

11 *W. de Boer:* Heideggers Mißverständnis der Metaphysik. In: ZphF 9 (1955) 500–545.

12 *J. Brechtken:* Geschichtliche Transzendenz bei Heidegger. Die Hoffnungsstruktur des Daseins und die gott-lose Gottesfrage, 1972.

13 *W. Bretschneider:* Sein und Wahrheit. Über die Zusammengehörigkeit von Sein und Wahrheit im Denken Martin Heideggers, 1965.

14 *W. Bröcker:* Über die geschichtliche Notwendigkeit der Heideggerschen Philosophie. In: Actas del primer Congreso nacional de Filosofia 2 (Mendoza 1949) 998–1004.

15 *W. Bröcker:* Heidegger und die Logik [zuerst 1953/54]. In: HeidPersp. 298–304.

16 *M. Buber:* Die Verwirklichung des Menschen. Zur Anthropologie M. Heideggers. In: Philosophia (Belgrad 1938) 289–308.

17 *A. J. Bucher:* Martin Heidegger – Metaphysikkritik als Begriffsproblematik, 1972.
18 *A. Chapelle:* L'ontologie phénoménologique de Heidegger. Un commentaire de Sein und Zeit, Paris 1962.
19 *J. P. Cotten:* Heidegger, Paris 1974 (= Ecrivains de toujours 95).
20 *R. H. Cousineau:* Humanism and ethics. An introduction to Heidegger's letter on humanism, Louvain, Paris 1972.
21 *F. Couturier:* Monde et être chez Heidegger, Montréal 1971.
22 *J. N. Deely:* The tradition via Heidegger. An essay on the meaning of being in the philosophy of Martin Heidegger, The Hague 1971.
23 *A. Delp:* Tragische Existenz. Zur Philosophie Martin Heideggers, 1935.
24 *J. M. Demske:* Sein, Mensch und Tod. Das Todesproblem bei Martin Heidegger, 1963.
25 *A. Diemer:* Grundzüge des Heideggerschen Philosophierens. In: ZphfF 5 (1950/51) 547–567.
26 *H. Fahrenbach:* Heidegger und das Problem einer »philosophischen Anthropologie«. In: Db 97–131.
27 *A. Fischer:* Die Existenzphilosophie Martin Heideggers. Darlegung und Würdigung ihrer Grundgedanken, 1935.
28 *W. Franzen:* Von der Existenzialontologie zur Seinsgeschichte. Eine Untersuchung über die Entwicklung der Philosophie Martin Heideggers, 1975.
29 *M. S. Frings* (Hrsg.): Heidegger and the quest for truth, Chicago 1968.
30 *P. Fürstenau:* Heidegger. Das Gefüge seines Denkens, 1958.
31 *H.-G. Gadamer:* Wahrheit und Methode. Grundzüge einer philosophischen Hermeneutik, 1960 und später.
32 *H.-G. Gadamer:* Kleine Schriften III: Idee und Sprache. Platon. Husserl. Heidegger, 1972.
33 *P. P. Gajdenko:* The »fundamental ontology« of Heidegger as a basis of philosophical irrationalism. In: Soviet Studies in Philosophy 4 (1965/66) 44–55.
34 *M. Gelven:* A commentary on Heidegger's Being and Time. A section-by-section interpretation, New York 1970.
35 *C. F. Gethmann:* Verstehen und Auslegung. Das Methodenproblem in der Philosophie Martin Heideggers, 1974.
36 *A. Gethmann-Siefert:* Das Verhältnis von Philosophie und Theologie im Denken Martin Heideggers, 1974.
37 *C. Grossner:* Verfall der Philosophie. Politik deutscher Philosophen, 1971, 123–135.
38 *K. Gründer:* M. Heideggers Wissenschaftskritik in ihren philosophiegeschichtlichen Zusammenhängen. In: APh 11 (1961) 312–335.
39 *R. Guilead:* Etre et liberté. Une étude sur le dernier Heidegger, Louvain, Paris 1965.

40 *J. Habermas:* Philosophisch-politische Profile, 1971, 67–92.
41 *G. Haeffner:* Heideggers Begriff der Metaphysik, 1974.
42 *I. Heidemann:* Der Begriff des Spiels und das ästhetische Weltbild in der Philosophie der Gegenwart, 1968, 278–372.
43 *F. W. von Herrmann:* Die Selbstinterpretation Martin Heideggers, 1964.
44 *F. W. von Herrmann:* Subjekt und Dasein. Interpretationen zu ›Sein und Zeit‹, 1974.
45 *P. Hofmann:* Metaphysik oder verstehende Sinn-Wissenschaft? Gedanken zur Neugründung der Philosophie im Hinblick auf Heideggers »Sein und Zeit«, 1929 (Kantstudien, Ergänzungsheft 64).
46 *J. Hommes:* Zwiespältiges Dasein. Die existenziale Ontologie von Hegel bis Heidegger, 1953.
47 *J. Hommes:* Krise der Freiheit. Hegel, Marx, Heidegger, 1958.
48 *K. J. Huch:* Philosophiegeschichtliche Voraussetzungen der Heideggerschen Ontologie, 1967.
49 *P. Hühnerfeld:* In Sachen Heidegger. Versuch über ein deutsches Genie, 1959.
50 *K. Kanthack:* Das Denken Martin Heideggers. Die Große Wende der Philosophie, 1959.
51 *M. King:* Heidegger's philosophy. A guide to his basic thought, New York 1964.
52 *H. Knittermeyer:* Die Philosophie der Existenz von der Renaissance bis zur Gegenwart, 1952.
53 *J. J. Kockelmans:* Martin Heidegger. A first introduction to his philosophy, Pittsburgh, Louvain 1965.
54 *H. Köchler:* Der innere Bezug von Anthropologie und Ontologie. (Das Problem der Anthropologie im Denken Martin Heideggers.) 1974 (Beihefte zur Zeitschrift für philosophische Forschung 30).
55 *J. Kraft:* Von Husserl zu Heidegger, 2. Aufl. 1957.
56 *Ch. von Krockow:* Die Entscheidung. Eine Untersuchung über Ernst Jünger, Carl Schmitt, Martin Heidegger, 1958.
57 *G. Krüger:* Martin Heidegger und der Humanismus. In: Studia Philosophica 9 (1949) 93–129.
58 *A. Kuhr:* Neurotische Aspekte bei Heidegger und Kafka. In: Zschr. f. psychosomat. Med. 1 (1955) 217–227.
59 O. *Laffoucrière:* Le Destin de la Pensée et »La Mort de Dieu« selon Heidegger, La Haye 1968.
60 *L. Landgrebe:* Husserl, Heidegger, Sartre. Trois aspects de la Phénoménologie. In: RevMM 69 (1964) 365–380.
61 *Th. Langan:* The meaning of Heidegger. A critical study of existentialist phenomenology, New York 1961.
62 *E. Levinas:* Martin Heidegger et l'ontologie. In: Revue philosophique de la France et de l'Etranger 57 (1932) 395–431.
63 *E. Levinas:* En découvrant l'existence avec Husserl et Heidegger, Paris 1939.

64 *K. Löwith:* Heidegger: Problem and background of existentialism. In: Social Research 15 (1948) 345–369.
65 *K. Löwith:* Heidegger – Denker in dürftiger Zeit, 1953, 2. Aufl. 1960.
66 *K. Löwith:* Gesammelte Abhandlungen zur Kritik der geschichtlichen Existenz, 1960.
67 *K. Löwith:* Vorträge und Abhandlungen zur Kritik der christlichen Überlieferung, 1966.
68 *J. Lohmann:* M. Heideggers ›Ontologische Differenz‹ und die Sprache. In: Lexis 1 (1948) 49–106.
69 *J. B. Lotz:* Sein und Existenz. Kritische Studien in systematischer Absicht, 1965.
70 *G. Lukács:* Heidegger redivivus [zuerst 1949], neu in: G. L.: Existentialismus oder Marxismus, 1951.
71 *G. Lukács:* Die Zerstörung der Vernunft, 1954, 2. Aufl. 1962 (Werke 9).
72 *J. Macquarrie:* Martin Heidegger, London 1968.
73 *G. Marcel:* Autour de Heidegger. In: Dieu vivant 1 (1945) 89–100.
74 *W. Marx:* Heidegger und die Metaphysik. In: Beiträge zu Philosophie und Wissenschaft, Wilhelm Szilasi zum 70. Geburtstag (1960) 185–200.
75 *W. Marx:* Heidegger und die Tradition. Eine problemgeschichtliche Einführung in die Grundbestimmungen des Seins, 1961.
76 *J. L. Mehta:* The philosophy of Martin Heidegger, New York 1971.
77 *G. Mende:* Studien über die Existenzphilosophie, 1956.
78 *J. B. Metz:* Heidegger und das Problem der Metaphysik. In: Scholastik 28 (1953) 1–22.
79 *J. van der Meulen:* Heidegger und Hegel oder Widerstreit und Widerspruch, 2. Aufl. 1964.
80 *G. Misch:* Lebensphilosophie und Phänomenologie. Eine Auseinandersetzung der Diltheyschen Richtung mit Heidegger und Husserl, 1930, Neudruck 1967.
81 *H. Mörchen:* Heidegger in der Schule. In: Pädagogische Provinz 12 (1958) 452–463.
82 *M. Müller:* Existenzphilosophie im geistigen Leben der Gegenwart, 1949, 3. Aufl. 1964.
83 *W. Müller-Lauter:* Möglichkeit und Wirklichkeit bei Martin Heidegger, 1960.
84 *W. Müller-Lauter:* Konsequenzen des Historismus in der Philosophie der Gegenwart. In: ZThK 59 (1962) 226–255.
85 *C. Nink:* Grundbegriffe der Philosophie Heideggers. In: PhJb 45 (1932) 129–158.
86 *G. Noller:* Sein und Existenz. Die Überwindung des Subjekt-Objektschemas in der Philosophie Heideggers und in der Theologie der Entmythologisierung, 1962.

87 *H. Ott:* Denken und Sein. Der Weg M. Heideggers und der Weg der Theologie, Zollikon 1959.
88 *J. L. Perotti:* Heidegger on the Divine: The Thinker, the Poet and God, Ohio 1974.
89 *R. Pflaumer:* Sein und Mensch im Denken Heideggers. In: PhRd 13 (1965) 161–234.
90 O. *Pöggeler:* Metaphysik und Seinstopik bei Martin Heidegger. In: PhJb 70 (1962/63) 118–137.
91 O. *Pöggeler:* Der Denkweg Martin Heideggers, 1963.
92 O. *Pöggeler:* Philosophie und Politik bei Heidegger, 1972.
93 O. *Pöggeler* (Hrsg.): Heidegger – Perspektiven zur Deutung seines Werks, 1969.
94 *K. Prange:* Heidegger und die sprachanalytische Philosophie. In: PhJb 79 (1972) 39–56.
95 O. *Pugliese:* Vermittlung und Kehre. Grundzüge des Geschichtsdenkens bei Martin Heidegger, 1965.
96 *J. B. Resweber:* La pensée de Martin Heidegger, Toulouse 1971.
97 *W. J. Richardson:* Heidegger. Through Phenomenology to Thought, The Hague 1963.
98 *W. J. Richardson:* Heideggers Weg durch die Phänomenologie zum Seinsdenken. In: PhJb 72 (1964/65) 385–396.
99 *H. Rombach:* Die Gegenwart der Philosophie. Eine geschichtsphilosophische und philosophiegeschichtliche Studie über den Stand des philosophischen Fragens, 1962.
100 *A. Rosales:* Transzendenz und Differenz. Ein Beitrag zum Problem der ontologischen Differenz beim frühen Heidegger, Den Haag 1970.
101 *L. Rosenmayr:* Gesellschaftsbild und Kulturkritik Heideggers. In: ARSP 46 (1960) 1–38.
102 *E. Rothacker:* Gedanken über Martin Heidegger, 1973.
103 *J. Sallis* (Hrsg.): Heidegger and the path of thinking, Pittsburgh 1970.
104 *R. Schaeffler:* Die Struktur der Geschichtszeit, 1963.
105 *R. Schérer* u. *A. L. Kelkel:* Heidegger ou l'expérience de la pensée. Présentation, biographie, bibliographie, Paris 1973 (Philosophes de tous les temps 86).
106 *R. Schmitt:* Martin Heidegger on being human. An introduction to Sein und Zeit, New York 1969.
107 *G. Schneeberger:* Nachlese zu Heidegger. Dokumente zu seinem Leben und Denken, Bern 1962.
108 *E. Schöfer:* Die Sprache Heideggers, 1962.
109 *W. Schulz:* Über den philosophiegeschichtlichen Ort Martin Heideggers [zuerst 1953/54]. In: HeidPersp 95–139.
110 *A. Schwan:* Politische Philosophie im Denken Heideggers, 1965.
111 *G. J. Seidel:* Martin Heidegger and the Pre-Socratics. An introduction to his thought, University of Nebraska Press 1964.

112 *D. Sinn:* Heideggers Spätphilosophie. In: PhRd 14 (1967) 81–182.
113 *H. Spiegelberg:* The Phenomenological Movement. A Historical Introduction, Bd. I, The Hague 1960.
114 *W. Stegmüller:* Hauptströmungen der Gegenwartsphilosophie, 5. Aufl. 1975, Bd. 1.
115 *A. Sternberger:* Der verstandene Tod. Eine Untersuchung zu Heideggers Existenzial-Ontologie, 1934.
116 *W. Strolz:* Heidegger als meditativer Denker, St. Gallen 1974.
117 *J.-P. Tafforeau:* Heidegger, Paris 1969 (Classiques du XXe siècle 102).
118 *S. A. Taubes:* The Gnostic Foundations of Heidegger's Nihilism. In: The Journal of Religion 34 (1954) 155–172.
119 *H.-Ch. Tauxe:* La notion de finitude dans la philosophie de Martin Heidegger, Lausanne 1971.
120 *E. Topitsch:* Zur Soziologie des Existenzialismus. Kosmos – Existenz – Gesellschaft. In: E. T.: Sozialphilosophie zwischen Ideologie und Wissenschaft, 2. Aufl. 1966, 97–117.
121 *P. Trotignon:* Heidegger. Sa vie, son oeuvre avec un exposé de sa philosophie, Paris 1965 (Philosophes).
122 *E. Tugendhat:* Der Wahrheitsbegriff bei Husserl und Heidegger, 2. Aufl. 1970.
123 *L. M. Vail:* Heidegger and Ontological Difference, Pennsylvania State University Press 1972.
124 *L. Versenyi:* Heidegger, Being and Truth, New Haven 1965.
125 *E. Vietta:* Die Seinsfrage bei Martin Heidegger, 1950.
126 *V. Vycinas:* Earth and Gods. An introduction to the philosophy of Martin Heidegger, The Hague 1961.
127 *A. de Waelhens:* La philosophie de Martin Heidegger, 1942, 7. Aufl. 1971.
128 *J. Wahl:* Mots, mythes et réalité dans la philosophie de Heidegger, Paris 1961.
129 *J. Wahl:* La philosophie de Heidegger, Paris 1952.
130 *F. Wiplinger:* Wahrheit und Geschichtlichkeit. Eine Untersuchung über die Frage nach dem Wesen der Wahrheit im Denken Martin Heideggers, 1961.

Festschriften u. ä.

131 Anteile. Martin Heidegger zum 60. Geburtstag, 1950.
132 Martin Heideggers Einfluß auf die Wissenschaften. Aus Anlaß seines 60. Geburtstages verfaßt von C. Astrada u. a., Bern 1949.
133 Martin Heidegger zum 70. Geburtstag. Festschrift, hrsg. von G. Neske, 1959.
134 Durchblicke. Martin Heidegger zum 80. Geburtstag, hrsg. von V. Klostermann, 1970.
135 Martin Heidegger im Gespräch, hrsg. von R. Wisser, 1970.

136 Die Frage Martin Heideggers. Beiträge zu einem Kolloquium mit Heidegger aus Anlaß seines 80. Geburtstages, vorgelegt von H.-G. Gadamer. Sitzungsberichte der Heidelberger Akademie der Wissenschaften, Philos.-hist. Klasse, 1969, 4. Abhandlung.

137 Martin Heidegger 26. September 1969 – Ansprachen zum 80. Geburtstag am 26. September 1969 in Meßkirch.

3 Heideggers Leben

3.1 Zum Stand der biographischen Forschung

Heidegger ist des öfteren als ›Mann ohne Biographie‹ bezeichnet worden. Berühmt geworden ist der Satz, mit dem er in einer Vorlesung das Leben des Aristoteles kennzeichnete: »Er wurde geboren, arbeitete und starb.« Darf man vermuten, daß Heidegger sein eigenes Leben einst in ähnlich knapper Weise charakterisiert sehen möchte?

Auch Heideggers Schüler und Anhänger haben sich übers Biographische im Zusammenhang mit ihrem Lehrer fast durchweg ausgeschwiegen. Heideggers Leben – so wurde und wird gesagt – trete ganz hinter seinem Werk zurück, oder auch: »sein Werk ist sein Leben« (W. Biemel: AwBibl 10, S. 7). Solche Feststellungen mag man akzeptieren oder nicht; wahr ist, daß Heideggers äußere (!) Biographie in der Tat relativ arm ist an herausragenden Ereignissen. (Eine Ausnahme bilden in dieser Beziehung die Ereignisse von 1933/34, auf die jedoch erst im 5. Kap. eingegangen wird.) In dieser Hinsicht ist der oft angestellte Vergleich mit Immanuel *Kant*, der bekanntlich seine Heimatstadt Königsberg so gut wie nie verlassen und auch sonst ein äußerlich recht wenig ›bewegtes‹ Leben geführt hat, sicherlich nicht ganz abwegig. So mag denn der schlichte Mangel an lebensgeschichtlich ›spektakulären‹ Begebenheiten der Hauptgrund dafür sein, daß Heideggers Leben bislang biographisch wenig erschlossen ist. Es gibt nur wenig biographisches Material, von einer förmlichen Biographie oder auch nur Teilbiographie ganz zu schweigen. (Auch P. *Hühnerfelds* Versuch [AwBibl 49] ist höchstens als Vorarbeit zu einer Heidegger-Biographie zu werten, ganz abgesehen davon, daß Hühnerfeld keineswegs nur biographische Interessen im engeren Sinne verfolgt.) Als besonders nachteilig erweist sich für (potentielle) Heidegger-Biographen der Umstand, daß bisher nur sehr wenige Briefe von und an Heidegger – und fast keine mit biographisch relevantem Inhalt – veröffentlicht sind. (Offensichtlich soll diese Lücke auch nicht im Rahmen der neuen Gesamtausgabe geschlossen werden; von einer Publikation von Briefen ist jedenfalls bisher nicht die Rede.)

Äußere Lebensdaten hat Heidegger bisher zweimal in gedruckter Form angegeben: erstens im Lebenslauf, der seiner Dissertation angehängt ist (Nr. 3; in Nr. 62 leider nicht mitabgedruckt, jedoch als Zitat bei Hühnerfeld: AwBibl 49, S. 39); zweitens in der Antrittsrede vor der Heidelberger Akademie der Wissenschaften (Nr. 40; auch als Zitat im Vorwort zu den »Frühen Schriften« Nr. 62).

Hinweise zur ›inneren Biographie‹ und zur eigenen philosophischen Entwicklung finden sich vor allem in »Mein Weg in die Phänomenologie« (in Nr. 54), sporadisch auch in manchen Vorworten, Vorbemerkungen etc., z. B. zu »Kant und das Problem der Metaphysik«, »Nietzsche«, »Wegmarken«, »Frühe Schriften«, »Zur Sache des Denkens« u. a. m. Autobiographisch relevant (meist in Form von gleichfalls sporadischen Andeutungen) sind ferner: »Aus einem Gespräch von der Sprache« (in Nr. 41), »Über den Humanismus«, »Vorwort [Brief an W. J. Richardson]« (Nr. 51). Biographisch relevante Eindrücke, die mehr in den Bereich des ›Atmosphärischen‹ gehören, kann man u. a. gewinnen aus: »Schöpferische Landschaft – Warum bleiben wir in der Provinz?« (Nr. 18), »Der Feldweg«, »Aus der Erfahrung des Denkens«, »Vom Geheimnis des Glockenturms« (in Nr. 57). Photographisches Material zu Heideggers Leben und Wirken findet man in nennenswertem Ausmaß vor allem bei W. Biemel (AwBibl 10).

Dokumente aus bzw. zu Heideggers Leben (allerdings fast ausschließlich zu den Ereignissen von 1933/34) bringen die Sammlungen von G. *Schneeberger* (AwBibl 107 sowie »Ergänzungen zu einer Heidegger-Bibliographie«, Bern 1960). Als bisher einzige Vorarbeit zu einer Heidegger-Biographie kann der Versuch von P. *Hühnerfeld* (AwBibl 49) angesehen werden. Biographisch relevante Angaben (allerdings wiederum hauptsächlich zu den Jahren 1933/34) finden sich ferner in folgenden Beiträgen:

M. de Gandillac: Entretien avec Martin Heidegger. In: Les temps modernes 1 (1945/46) 713–716.

K. Löwith: Les implications politiques de la philosophie de l'existence chez Heidegger. In: Les temps modernes 2 (1946) 343–360.

A. de Towarnicki: Visite à Martin Heidegger. In: Les temps modernes 1 (1945/46) 717–724.

Eindrücke aus Heideggers Kindheit und Jugend vermittelt »Ein Geburtstagsbrief« seines Bruders Fritz Heidegger (in Nr. 57, S. 58–63). Biographisch relevante Hinweise finden sich verstreut auch in den Fernsehäußerungen einiger Heidegger-Schüler anläßlich des 80. Geburtstages von Heidegger (vgl. AwBibl 135, S. 12–56). Von den zahlreichen Schriften, die – meist mehr implizit als explizit – Beiträge zu Heideggers ›innerer Biographie« und zu seinem Wirken als akademischer Lehrer liefern oder sonst irgendwie biographisch relevantes ›Hintergrundwissen‹ vermitteln, seien noch genannt:

H. Arendt: AwBibl 5.

H.-G. Gadamer: Martin Heidegger und die Marburger Theologie. In: HeidPersp 168–178.
K. Löwith: AwBibl 65.
R. Minder: Heidegger und Hebel oder die Sprache von Meßkirch. In: R. M.: ›Hölderlin unter den Deutschen‹ und andere Aufsätze zur deutschen Literatur, 1968, 86–153.
O. Pöggeler: AwBibl 91.

3.2 Äußere Lebensdaten

26. Sept. 1889	Martin Heidegger in Meßkirch geboren; Vater: Friedrich Heidegger (1851–1924), Küfermeister und Mesner an der Pfarrkirche St. Martin; Mutter: Johanna Heidegger, geb. Kempf (1858–1927)
1903–1906	Besuch des Jesuiten-Kollegs in Konstanz
1906–1909	Besuch des Bertholdgymnasiums in Freiburg
1909	Reifeprüfung
1909–1913	Studium an der Universität Freiburg; zunächst vier Semester Theologie, dann Philosophie, ferner auch Mathematik, Naturwissenschaften, Geschichte
1913	Promotion zum ›Dr. phil.‹; ›Doktorvater‹ (Referent): A. Schneider; Korreferent: H. Rickert
1916	Habilitation bei H. Rickert
1916–1923	Privatdozent in Freiburg
1917	Heirat mit Elfriede Petri
1917–1919	zum Frontdienst eingezogen
1919, 1920	Geburt der Söhne Jörg, Hermann
1923–1928	Außerordentlicher Professor (Extraordinarius) in Marburg
1928	Berufung auf den ordentlichen Lehrstuhl für Philosophie der Universität Freiburg (Nachfolge von E. Husserl)
1930, 1933	Ablehnung zweier Berufungen nach Berlin
April 1933– Februar 1934	Rektor der Universität Freiburg
1944 (Nov.)	zum ›Volkssturm‹ eingezogen
1945–1951	Lehrverbot (ausgesprochen durch die französischen Besatzungsbehörden)
1952	Emeritierung

3.3 Einige biographische Hinweise

Die folgenden Bemerkungen verstehen sich als Hinweise, die das abstrakte Gerüst äußerer Lebensdaten, wenn auch nur an wenigen Stellen, mit etwas konkreterem Inhalt füllen sollen.

Wie stark Heidegger durch seine Heimat geprägt worden ist, kann hier nicht im einzelnen diskutiert werden. Zumindest eine gewisse Verwurzelung in alemannischer Lebens- und Weltanschauung ist freilich nicht zu übersehen. (Meßkirch gehört landschaftlich zum alemannischen Bereich, liegt allerdings nahe an der Grenze zum Schwäbischen.) In den 20er Jahren baute Heidegger sich in Todtnauberg, einem kleinen Ort in der Nähe des Feldbergs im Hochschwarzwald, eine Hütte, in der er sich sehr oft aufhielt und wo er offensichtlich auch große Teile des Manuskripts von »Sein und Zeit« und anderen Schriften verfaßte. Die Verbundenheit mit Landschaft und Leuten hat zumindest dem eigenen Verständnis nach eine nicht zu unterschätzende Rolle in Heideggers Leben gespielt. Man darf sogar von einer gewissen Provinzialität sprechen, nicht nur weil die Region Südbaden damals geographisch (besonders im Verhältnis zu Berlin) eindeutig provinziellen Charakter hatte, sondern vor allem, weil Heidegger selbst Provinzialität ausdrücklich für sich nicht nur in Kauf, sondern geradezu in Anspruch genommen hat, nämlich als er die Ablehnung des zweiten Rufes nach Berlin (1933) literarisch begründete (vgl. Nr. 18).

Die Umgebung, in der Heidegger aufwuchs, war ländlich-dörflich bis kleinstädtisch geprägt, sozial gesehen also vorwiegend bäuerlich und handwerklich bestimmt. Auch diese Zugehörigkeit hat Heidegger gelegentlich literarisch eingesetzt, z. B. in einer Rede zur 700-Jahr-Feier seiner Heimatstadt Meßkirch, wo er auf die »spendenden und heilenden und bewahrenden Kräfte des Heimischen« verwies, die »am ehesten dort möglich und am nachhaltigsten dort wirksam« bleiben könnten, »wo die Kräfte der umgebenden Natur, wo der Nachhall der geschichtlichen Überlieferung beisammen bleiben, wo das Herkommen und die von altersher gepflegte Sitte das menschliche Dasein bestimmen«. »Dieser entscheidenden Aufgabe« – so Heidegger weiter – »vermögen heute nur die ländlichen Bezirke und kleinen Landstädte zu genügen [...]« (in Nr. 57, S. 38). Aus diesen und anderen Worten darf man sicher einen konservativen Grundzug herauslesen, der Heideggers Lebenshaltung und ›Weltanschauung‹ trägt. Zumindest der Heidegger der 20er Jahre empfand sich allerdings wohl als Erneuerer, ja Revolutionär in Sachen Philosophie, und »Sein und Zeit« wurde durchweg in diesem Sinne verstanden. Aus heutiger Perspektive gesehen, sind aber auch schon beim frühen Heidegger viele Motive als letzten Endes konservativ zu identifizieren (vgl. unten 4.2.2) – wobei freilich solche Rubrizierungen unscharf und allein für sich ohne größere Aussagekraft bleiben. Dem Großstädtisch-Urbanen und der modernen industriell geprägten Welt stand und steht Heidegger jedenfalls mit Distanz und Skepsis gegenüber.

Heideggers Lebensweg (seine philosophische Entwicklung miteingeschlossen) ist sicherlich stark durch die religiös geprägte Lebensform seines Elternhauses bestimmt worden. Da Heideggers Vater neben seiner Tätigkeit als Küfermeister noch das Amt des Mesners (Küsters, Kirchendieners) an der katholischen Pfarrkirche St. Martin versah, war die Familie unmittelbar in das kirchliche Leben miteinbezogen. Daß die damals empfangenen Eindrücke von bleibender Kraft waren, bestätigte Heidegger selbst in einem kleinen Aufsatz »Vom Geheimnis des Glockenturms«, in dem er Erinnerungen an seine Kindheit, besonders an die Zeit als ›Mesnerbub‹ (Meßdiener), mitteilte.

»Die geheimnisvolle Fuge,« – so heißt es dort am Schluß – »in der sich die kirchlichen Feste, die Vigiltage und der Gang der Jahreszeiten und die morgendlichen, mittäglichen und abendlichen Stunden jedes Tages ineinanderfügten, so daß immerfort *ein* Läuten durch die jungen Herzen, Träume, Gebete und Spiele ging – sie ist es wohl, die mit eines der zauberhaftesten und heilsten und währendsten Geheimnisse des Turms birgt, um es stets gewandelt und unwiederholbar zu verschenken bis zum letzten Geläut ins Gebirg des Seyns.« (in Nr. 57, S. 10)

Kirchliche Impulse haben dann auch lange Jahre Heideggers Bildungsweg mitgeprägt. So absolvierte er etwa die Hälfte der Oberschul-Ausbildung an einem kirchlichen Bildungsinstitut (dem Konstanzer Jesuitenkolleg). Ein Mann der Kirche war es offensichtlich auch, der bei Heidegger die ersten ernsthaften philosophischen Interessen weckte. Dazu wiederum Heidegger selbst: »Im Jahre 1907 gab mir ein väterlicher Freund aus meiner Heimat, der spätere Erzbischof von Freiburg i. Br., Dr. Conrad Gröber, Franz Brentanos Dissertation in die Hand: ›Von der mannigfachen Bedeutung des Seienden nach Aristoteles‹« (Frühe Schriften S. X [Zitat aus der Heidelberger Antrittsrede, s. Nr. 40].) Freilich dürfte der Einfluß Gröbers weitaus größer gewesen sein, als es die eher symbolische Überreichung eines philosophischen Werkes zum Ausdruck bringt. Heidegger studierte zunächst Katholische Theologie (was damals in der Regel mit der Absicht verbunden war, Priester zu werden). Einer seiner Lehrer machte besonderen Eindruck auf ihn, nämlich der Professor für Systematische Theologie Carl *Braig*, nach Heideggers eigenen Worten »der letzte aus der Überlieferung der Tübinger spekulativen Schule, die durch die Auseinandersetzung mit Hegel und Schelling der katholischen

Theologie Rang und Weite gab« (ebd. S. XI). Braig und den Kunsthistoriker Wilhelm *Vöge* nennt Heidegger dann auch als diejenigen, von denen »die entscheidende [...] Bestimmung für die eigene akademische Lehrtätigkeit« ausging (ebd. S. Xf.).

Über die Erfahrungen, die ihn veranlaßten, das Studium der Theologie abzubrechen und sich statt dessen der Philosophie zuzuwenden, hat Heidegger sich öffentlich-literarisch nicht geäußert, und es soll darüber auch nicht lang und breit spekuliert werden. Eine gewisse Rolle dürfte sicherlich die dogmatische Starrheit und Enge gespielt haben, mit der die katholische Kirche damals (und noch lange) ihren Priesternachwuchs heranbildete und von der sich der junge Heidegger in seinen geistigen Interessen beeinträchtigt fühlen mußte. Heideggers Verhältnis zum Christentum und zur Theologie blieb fortan ambivalent (s. u. 6.11).

Auskunft über die geistigen Erfahrungen des Schülers und des Studenten geben am besten wiederum einige Sätze aus der Heidelberger Antrittsrede:

»Im Jahre 1905 las ich zum ersten Mal *Stifters* ›Bunte Steine‹ [...] Im Jahre 1908 fand ich durch ein heute noch erhaltenes Reclambändchen seiner Gedichte zu *Hölderlin* [...] Seit 1909 versuchte ich, freilich ohne die rechte Anleitung, in *Husserls* ›Logische Untersuchungen‹ einzudringen. Durch die Seminarübungen bei *Rickert* lernte ich die Schriften von Emil *Lask* kennen, der, zwischen beiden vermittelnd, auch auf die griechischen Denker zu hören versuchte.

Was die erregenden Jahre zwischen 1910 und 1914 brachten, läßt sich gebührend nicht sagen, sondern nur durch eine weniges auswählende Aufzählung andeuten: Die zweite um das Doppelte vermehrte Ausgabe von *Nietzsches* ›Willen zur Macht‹, die Übersetzung der Werke *Kierkegaards* und *Dostojewskis*, das erwachende Interesse für *Hegel* und *Schelling*, *Rilkes* Dichtungen und *Trakls* Gedichte, *Diltheys* ›Gesammelte Schriften‹.« (ebd. S. X; Hervorhebung der Namen von mir, W. F.)

Seit dem Wintersemester 1915/16 hielt Heidegger an der Universität Freiburg Vorlesungen und Übungen. Aus Berichten von Zeitgenossen (z. B. H. Arendt: AwBibl 5) kann man entnehmen, daß von seiner Art des Philosophierens offensichtlich eine große Faszination ausging, so daß bereits in den 20er Jahren – Jahre *vor* dem Erscheinen von »Sein und Zeit« (1927) – sein Ruf als herausragende philosophische Erscheinung begründet wurde. Eine der Ursachen für diese von Heidegger ausgehende Faszination dürfte ein gewisser rebellischer Gestus gewesen sein, mit dem er gegen den konventionellen akademischen Betrieb und die etablierten philosophischen Schulen auftrat. Obwohl Heidegger sein Denken durchaus an die großen Traditionen der europäischen Philosophie anschloß, scheint es ihm schon damals gelungen zu sein, seinen Hörern glaubwürdig zu machen, daß Philosophie nicht eine Angelegenheit für akademische Gelehrsamkeit oder gar Spitzfindigkeit, sondern vielmehr eine den Einzelnen persönlich angehende und mit Engagement zu vertretende Sache sei, oder, mit einer nicht zuletzt durch Heidegger gebräuchlich gewordenen Terminologie: eine Sache von existenzieller Bedeutung. Aufschlußreich sind in dieser Beziehung einige Sätze aus frühen Briefen an Karl *Löwith* (teilweise auf französisch zitiert in K. Löwith: Les implications [s. o. S. 21] 345 f. u. 348; ich zitiere nach der bei Hühnerfeld AwBibl 49, S. 51 abgedruckten deutschen [und vermutlich Original-] Version): »Es geht mir« – so Heidegger 1920 – um das, »was ich in der heutigen Umsturzsituation lebend ›notwendig‹ erfahre, ohne Seitenblick darauf, ob daraus eine ›Kultur‹ wird oder eine Beschleunigung des Untergangs.« Und 1921: »Ich mache, was ich muß und was ich für nötig halte und mache es so, wie ich es kann – ich frisiere meine philosophische Arbeit nicht auf Kulturaufgaben für ein allgemeines Heute [...] Ich arbeite aus meinem ›ich bin‹ und meiner [...] faktischen Herkunft. Mit dieser Faktizität wütet das Existieren.« Aus diesen Sätzen spricht eine Haltung, die Heidegger mit vielen der seiner Generation Zugehörigen teilte. Denn selbstverständlich stand auch Heidegger zu jener Zeit unter dem Eindruck des Ersten Weltkrieges, des nationalen Zusammenbruchs, des gesellschaftlichen Umbruchs und der labilen politischen Verhältnisse der Weimarer Republik. Diese und andere – z. T. noch weiter zurückreichende – Entwicklungen fanden ihren geistig-weltanschaulichen Niederschlag in Phänomenen wie der Jugendbewegung (1923: Treffen auf dem Hohen Meißner), dem literarischen Expressionismus (1921 erscheint die berühmte, von Kurt *Pinthus* herausgegebene Anthologie »Menschheitsdämmerung«), dem Kulturpessimismus (1918 erscheint der erste Band von Oswald *Spenglers* »Untergang des Abendlandes«) u. a. m. All dies dürfte auf Heidegger einen beträchtlichen Einfluß ausgeübt haben.

Zu den Vorformen bzw. Parallelerscheinungen jener in den 20er Jahren entstehenden Bewegung, die später mit dem Titel ›Existenzphilosophie‹ bzw. ›Existenzialismus‹ belegt wurde und zu der sicherlich auch (der frühe) Heidegger gerechnet werden muß, gehört aber vor allem die etwa gegen Ende des zweiten

Jahrzehnts unseres Jahrhunderts aufkommende sog. ›Dialektische Theologie‹, die sich besonders an Kierkegaard orientierte. Hier ist zunächst Karl *Barth* zu nennen, dessen einflußreiches Buch »Der Römerbrief« 1918 erschien. Seit 1923 hatte Heidegger dann engen persönlichen Kontakt zu seinem Marburger Kollegen Rudolf *Bultmann*, der durch seine Theologie der Entmythologisierung die wohl größte Kontroverse in der Theologie unseres Jahrhunderts auslöste.

Neben den Ereignissen von 1933/34 (die im 5. Kapitel behandelt werden) ist vor allem noch Heideggers spektakuläre Auseinandersetzung mit Ernst *Cassirer* während der Davoser Hochschulkurse im März/April 1929 zu erwähnen (vgl. Nr. 8), ferner noch einige Vortragsreisen, die Heidegger u. a. nach Riga (1928), Amsterdam (1930), Rom (1936) führten. Bei Kriegsende verhängten die französischen Besatzungsbehörden über Heidegger, den sie als durch die Ereignisse von 1933/34 kompromittiert betrachteten, ein Lehrverbot, das erst 1951 aufgehoben wurde. Gleichwohl übertraf der Einfluß, den Heidegger nun erneut – und bis in die 60er Jahre hinein – ausübte, womöglich noch die Wirkung, die seine Philosophie in den 20er und zu Beginn der 30er Jahre hatte. Seine Vorträge – vor allem die im Club zu Bremen, in der Bayrischen Akademie der Schönen Künste in München und im Schwarzwaldsanatorium Bühlerhöhe – erregten großes Aufsehen. Reisen führten Heidegger u. a. mehrfach nach Frankreich, auch nach Griechenland. Als akademischer Lehrer war Heidegger auch nach seiner Emeritierung (1952) noch bis 1958 tätig. Danach hat er nur noch einige Seminare für einen mehr oder weniger geschlossenen Kreis von Freunden und Schülern gehalten, so 1962 über seinen eigenen Vortrag »Zeit und Sein« (vgl. Nr. 54) und zuletzt 1966/67, zusammen mit Eugen Fink, über Heraklit (vgl. Nr. 60). Zu seinem 80. Geburtstag gab Heidegger dem Zweiten Deutschen Fernsehen ein kurzes Interview, das am 24. September 1969 ausgestrahlt wurde (vgl. Nr. 59).

4. Phasen der Heideggerschen Philosophie

4.1 Zur Vorgeschichte von »Sein und Zeit«

Die das gesamte Heideggersche Denken beherrschende Frage nach dem Sein scheint sich bereits in den allerersten Anfängen von Heideggers Beschäftigung mit philosophischen Problemen formuliert oder doch vorformuliert zu haben. Die Lektüre von Franz *Brentanos* Dissertation »Von der mannigfachen Bedeutung des Seienden nach Aristoteles« im Jahre 1907 war offensichtlich so etwas wie ein philosophisches Schlüsselerlebnis.

Ob und wieweit Heidegger auch von der Person und dem Lebensweg Brentanos (1838–1917) beeindruckt war, läßt sich nicht sagen; Brentano war zunächst katholischer Priester, überwarf sich aber später, i. e. L. unter dem Eindruck der Beschlüsse des Ersten Vatikanischen Konzils (Unfehlbarkeit des Papstes etc.) mit der Kirche. Philosophiegeschichtlich wird Brentano meist einerseits in der Vorgeschichte der Husserlschen Phänomenologie gesehen, die u. a. an seine Lehre von der Intentionalität als dem wesentlichen Merkmal des Psychischen anknüpfte (vgl. Brentanos 1874 erschienene »Psychologie vom empirischen Standpunkte aus«); andererseits geht er aber durchaus von aristotelisch-scholastischen bzw. neuscholastischen Positionen aus bzw. knüpft an sie an. In diesem Zusammenhang steht auch seine Dissertation von 1862. *Aristoteles* ging im Buch Gamma seiner später unter dem Titel »Metaphysik« zusammengefaßten Schriften bzw. Vorlesungen von der Feststellung aus: »τὸ ὂν λέγεται πολλαχῶς – vom Seienden spricht man in vielfacher Weise« (Aristoteles: Metaphysik, z. B. 1003 b 5). Bei der Lektüre dessen, was Brentano dazu schrieb, stellte sich für Heidegger nach eigenem Bekunden bereits damals (1907) die Frage »Wenn das Seiende in mannigfacher Bedeutung gesagt wird, welches ist dann die leitende Grundbedeutung? Was heißt Sein?« (Mein Weg in die Phänomenologie, in Nr. 54, S. 81)

Ebenfalls noch während der Schulzeit las Heidegger die Schrift »Vom Sein. Abriß der Ontologie« seines späteren theologischen Lehrers Carl *Braig*. Die Beschäftigung mit ontologischen Fragen stand also schon im Mittelpunkt der philosophischen Bemühungen des Schülers Martin Heidegger. Bevor aus solchen Fragen die Fundamentalontologie von »Sein und Zeit« wurde, mußten freilich noch rund zwei Jahrzehnte vergehen.

Heideggers wissenschaftlicher Werdegang verlief nämlich zunächst eher durchschnittlich-normal und jedenfalls im Rahmen des damals, in der Zeit zwischen der Jahrhundertwende und dem Ersten Weltkrieg, akademisch-philosophisch durchaus Üblichen.

Heideggers erste Publikation »Das Realismusproblem in der modernen Philosophie« (Nr. 1) ist ein kleiner Forschungsbericht, in dem Heidegger die erkenntnistheoretischen Lehren von inzwischen mehr oder weniger in Vergessenheit geratenen Leuten wie Oswald *Külpe* (1862–1915; 1912: »Die Realisierung. Ein Beitrag zur Grundlegung der Realwissenschaften« Bd. I), Joseph *Geyser* (1869–1948; 1909: »Grundlagen der Logik und Erkenntnislehre«) und August *Messer* (1867–1937; 1909: »Einführung in die Erkenntnistheorie«) referierte und sich mit deren erkenntnistheoretischem Realismus identifizierte. Im selben Jahr 1912 veröffentlicht er noch einen weiteren Bericht »Neuere Forschungen über Logik«, der ganz unter dem Einfluß der Husserlschen Psychologismus-Kritik steht (s. u.) und sich – z. T. sehr kritisch – mit neuen Tendenzen im Bereich der Logik (im weiteren Sinne) befaßt, z. B. auch mit der sog. ›Gegenstandstheorie‹ von Alexius *Meinong* (1853–1920) und mit den Arbeiten von Emil *Lask* (1875–1915). Am interessantesten ist aber, daß Heidegger auch auf die – von heute aus gesehen – wichtigste Entwicklung im Bereich der damaligen Logik eingeht, nämlich auf deren Formalisierung und Mathematisierung. So weist er nachdrücklich auf die große Bedeutung der Arbeiten von Gottlob *Frege* (1848–1925) hin, dessen Leistungen ansonsten damals vielfach noch gar nicht richtig anerkannt wurden. Am Schluß seines Berichtes erwähnt Heidegger dann die bahnbrechenden Arbeiten von Bertrand *Russel* (1872–1970) und Alfred North *Whitehead* (1961–1947), von deren Werk »Principia Mathematica« 1910 der erste Band erschienen war. Freilich meint Heidegger, daß die mathematisch-›logistische‹ Arbeitsweise doch mehr ein Rechnen sei und daher zu den eigentlichen logischen Problemen nicht vorzudringen vermöge.

Ein einschlägiger Beitrag zur Psychologismus-Kritik ist dann Heideggers Dissertation »Die Lehre vom Urteil im Psychologismus« (1914). Psychologismus-Kritik gehörte damals zum Programm verschiedener philosophischer Schulen, so der aristotelisch-(neu)scholastisch orientierten: Heideggers ›Doktorvater‹ (A. Schneider) ist hier zu lokalisieren; sie gehörte zum Programm des Neukantianismus, dessen badische Version Heidegger in Heinrich *Rickert* (1863–1936) kennenlernte, der formell zwar ›nur‹ das zweite Gutachten zu Heideggers Dissertation schrieb, aber wohl auch damals schon (wie dann zwei Jahre später bei der Habilitation) Heideggers eigentlicher Lehrer war. Die größte Bedeutung und auch philosophiegeschichtliche Wirkung erlangte die damalige Psychologismus-Kritik jedoch in der Form, die ihr von Edmund *Husserl* in den »Logischen Untersuchungen« gegeben wurde, mit denen sich Heidegger bereits seit 1909 befaßte.

Husserl hatte dort (im ersten, 1900 erschienenen Band) alle Versuche, die logischen Gesetze gleichsam als Naturgesetze des Psychischen zu verstehen und somit die Logik auf Psychologie zu gründen, schärfstens zurückgewiesen und den Psychologismus – als dessen Vertreter nannte er z. B. Herbert *Spencer* (1820–1903), John Stuart *Mill* (1806–1873), Christoph *Sigwart* (1830–1904), auch Benno *Erdmann* (1851–1921) – als »skeptischen Relativismus« entlarvt (vgl. bes. Logische Untersuchungen, Bd. I: Prolegomena zur reinen Logik, 5. Aufl. 1968, 7. Kap.).

Heidegger führt in seiner Dissertation diese Tradition der Psychologismus-Kritik unter einem speziellen Aspekt fort, indem er zunächst verschiedene Urteilslehren (d. h. Lehren vom Wesen, von der Struktur, den Formen des Urteils – heute würde man eher sagen: der Aussage) darstellt und kritisch beurteilt, um daran einen ›Ausblick auf eine rein logische Lehre vom Urteil‹ anzuschließen. Die Namen derer, die Heidegger kritisiert, seien noch kurz genannt: es sind Wilhelm *Wundt* (1832–1920), der 1875 das erste Institut für experimentelle Psychologie gründete, Heinrich *Maier* (1867–1933), dessen dreibändiges Werk »Die Syllogistik des Aristoteles« (1896–1900) lange Zeit als Standardwerk galt, der schon mehrfach genannte Franz *Brentano*, dessen Lehre Heidegger gleichfalls als psychologistisch kritisiert, sowie Anton *Marty* (1847–1914) und Theodor *Lipps* (1851–1914). Heideggers Dissertation, seine erste monographische Veröffentlichung, erscheint aus heutiger Perspektive zwar als solide wissenschaftliche Arbeit; philosophische Brisanz in irgendeinem Sinne kann man ihr jedoch nicht zusprechen.

Ähnliches muß man von der 1915 vorgelegten, 1916 gedruckten Habilitationsschrift »Die Kategorien- und Bedeutungslehre des Duns Scotus« sagen, die das Ergebnis verdienstvoller historischer Kleinarbeit ist, sich ansonsten jedoch von dem damals geltenden Standard philosophiegeschichtlicher Forschung kaum abgehoben haben dürfte. Von Interesse ist aber immerhin, daß sich am Schluß dieser Arbeit bereits einige ›Motive‹ ankündigten, von denen man – freilich erst im nachhinein – sagen kann, daß sie vage in die Richtung von »Sein und Zeit« deuten. Da ist zum einen eine gewisse Wende zur Metaphysik. »Die Philosophie« – so Heidegger – »kann ihre eigentliche Optik, die Metaphysik, auf die Dauer nicht entbehren.« (Frühe Schriften 348) Damit schloß sich Heidegger dem Trend zu einer ›Auferstehung der Metaphysik‹ (so der Titel eines wenige Jahre später, 1920, erschienenen Buches von Peter *Wust*) an, der seit dem Beginn des 20. Jahrhunderts gegen die in den diversen philosophischen Schulen des 19. Jh.s weitverbreitete Metaphysik-Phobie und -Abstinenz Front machte. In dem gleichfalls 1915 gehaltenen und 1916 publizierten Habilitationsvortrag »Der Zeitbegriff in der Geschichtswissenschaft« sprach Heidegger ausdrücklich selbst davon, daß »seit einigen Jahren [...] in der wissenschaftlichen Philosophie ein gewisser ›metaphysischer Drang‹ erwacht sei«, der »ein ›tieferes Erfassen‹ der Philosophie und ihrer Probleme« ermögliche (ebd. 357). In dieser Wende zur Metaphysik war Heidegger offensichtlich stark von Emil *Lask*, dem Schüler von Wilhelm Windelband und Heinrich Rickert, beeinflußt. Lask, der seit 1910 in Heidelberg als Professor wirkte, aber bereits 1915 im Krieg gefallen war, sei – so Heidegger in der Habilitationsschrift – von den rein logischen Strukturproblemen »zu den metaphysischen Problemen getrieben worden« (ebd. 348) (Übrigens wurden Lasks Schriften noch in »Sein und Zeit« 218, Anm. 1 erwähnt.)

Als das zweite der oben genannten Motive am Schluß der Duns Scotus-Arbeit, die bereits in die Richtung von »Sein und Zeit« deuten, läßt sich eine gewisse Wende zur Geschichte bzw. Geschichtlichkeit ausmachen: »Der lebendige Geist ist als solcher wesensmäßig historischer Geist im weitesten Sinne des Wortes [...] Der Geist ist nur zu begreifen, wenn die ganze Fülle seiner Leistungen, d. h. *seine Geschichte*, in ihm aufgehoben wird.« (ebd. 349 f.) Daher verwundert es nicht, wenn im letzten Satz der Habilitationsschrift gefordert wurde, daß die Kategorienlehre sich mit »dem gewaltigsten System einer historischen Weltanschauung, [...] mit Hegel« auseinanderzusetzen habe (353). Andererseits sprach Heidegger allerdings auch von der »Konstanz der Menschennatur«, die es verständlich mache, daß »die philosophischen Probleme sich in der Geschichte wiederholen« (ebd. 138). Eine eigentliche *Entwicklung* der philosophischen Problematik gebe es daher nicht, vielmehr habe

»die Geschichte der Philosophie [...] nur solange Wesensbezug zur Philosophie, als sie [...] sich in die rein philosophische Systematik projiziert« habe (ebd. 138 f.). Es gibt hier also eine gewisse Zweideutigkeit im Verhältnis zum Problem der Geschichte, eine Zweideutigkeit, die vielleicht auch schon darin zum Ausdruck kommt, daß die Wende zur Geschichte einhergeht mit einer Wende zur Metaphysik und Ontologie. Dieses Spannungsfeld von ›Sein und Geschichte‹ wird – mitsamt seinen Ambivalenzen – in der Tat auch für »Sein und Zeit« konstitutiv sein und es im Grunde für Heideggers gesamtes Denken bleiben.

Ganz schwach macht sich, wenn man so will, 1915 auch noch ein drittes Motiv bemerkbar, nämlich das – wenn auch nur episodische – Ins-Spiel-bringen von Subjektivität, welches man als Vorform des massiven existenzialen Subjektivismus von »Sein und Zeit« verstehen könnte. So nannte Heidegger in der Habilitationsschrift »als eine Grundaufgabe jeder Kategorienlehre« »die Hineinstellung des Kategorienproblems in das Urteils- und Subjektsproblem« (ebd. 343). Subjektivität sollte in der Philosophie aber nicht nur inhaltlich, sondern auch für ihren Vollzug geltend gemacht werden. Philosophie – so Heidegger – schöpfe aus der »Tiefe und Lebensfülle« der »lebendigen Persönlichkeit« Gehalt und Wertanspruch (ebd. 137 f.). Zum Zeugen dafür wurde nicht nur der schon erwähnte Emil Lask (vgl. 133), sondern auch *Nietzsche* angerufen: »Dies Bestimmtsein aller Philosophie vom Subjekt her hat Nietzsche in seiner unerbittlich herben Denkart [...] auf die bekannte Formel gebracht vom ›Trieb, der philosophiert‹.« (138)

Auf Heideggers Habilitationsvortrag (Probevorlesung) von 1915 »Der Zeitbegriff in der Geschichtswissenschaft« muß schon deshalb noch kurz eingegangen werden, weil das Zeitproblem für die weitere Entwicklung des Heideggerschen Denkens von überragender Bedeutung ist. In seinem Vortrag knüpft Heidegger an die Bemühungen der südwestdeutschen Schule des Neukantianismus, besonders seines Lehrers *Rickert* (vgl. »Die Grenzen der naturwissenschaftlichen Begriffsbildung«, 1896) um eine Herausarbeitung des Unterschieds zwischen Natur- und Geisteswissenschaften und insbesondere um den Nachweis der Eigenständigkeit geisteswissenschaftlicher Erkenntnis an. In diesem Kontext wird dem rein quantitativen Zeitbegriff der Physik der qualitative der Geschichtswissenschaft gegenübergestellt. Zwar ist damit ganz vage der Rahmen gesetzt, in den sich später auch »Sein und Zeit« stellt; andererseits ist aber der von Heidegger in seinem Vortrag herausgearbeitete Zeitbegriff noch sehr weit entfernt von dem existenzialen Begriff der Zeitlichkeit, wie er im zweiten Abschnitt von »Sein und Zeit« entfaltet wird.

Diese Feststellung zum Habilitationsvortrag läßt sich zu einem Fazit über Heideggers frühe Philosophie insgesamt verallgemeinern. Die frühen Schriften ragen, was Originalität, Brisanz und Wirkung angeht, kaum über das damals im Bereich der akademischen Philosophie Übliche hinaus. Man darf vermuten, daß sie inzwischen weitgehend der Vergessenheit anheimgefallen wären, wenn sie nicht unter dem Aspekt der Vorgeschichte zu einem der bedeutendsten philosophischen Bücher des 20. Jh.s weiterhin interessant geblieben wären. Unter diesem Aspekt ergibt sich: derjenige, der »Sein und Zeit« kennt, kann in den frühen Schriften immerhin einige vage Vorformen von philosophischen Motiven entdecken, die später für Heideggers Hauptwerk konstitutiv wurden. Eine echte Kontinuität zwischen den frühen Schriften einerseits und »Sein und Zeit« andererseits läßt sich jedoch kaum herstellen; zwischen dem, was Heidegger bis 1916 schrieb, einerseits und der Fundamentalontologie sowie der existenzialen Analyse in »Sein und Zeit« andererseits liegt – was den philosophischen Anspruch und was Form und Inhalt betrifft – eine Kluft.

Es müssen also in Heideggers philosophischer Entwicklung während des Jahrzehnts nach 1915/16 philosophische Erfahrungen von grundsätzlicher Bedeutung hinzugekommen sein, die freilich literarisch zunächst keinen Niederschlag gefunden haben, da Heidegger zwischen 1916 und 1927 nichts veröffentlichte. Die wichtigsten Komplexe sind gleichwohl ohne Schwierigkeiten auszumachen.

a) Zwar befaßte sich Heidegger nach eigenem Bekunden (s. o. S. 25) bereits seit 1909 mit *Husserls* »Logischen Untersuchungen«, die er einige Male auch in seiner Dissertation und sogar ziemlich häufig in seiner Habilitationsschrift zitiert bzw. erwähnt. Ab 1916 dürfte seine Beschäftigung mit der Phänomenologie jedoch in ein neues Stadium getreten sein, nicht nur weil er von diesem Zeitpunkt an in engem persönlichen Kontakt mit Husserl stand (der 1916 die Nachfolge von Rickert in Freiburg angetreten hatte), sondern vor allem wohl auch deshalb, weil *die* Phänomenologie, mit der es sich nun auseinanderzusetzen galt, gegenüber der frühen in den »Logischen Untersuchungen« vorliegenden Form inzwischen auf einem weiterentwickelten Stand angelangt war. Die klassische Version der Husserlschen Phänomenologie (man könnte auch sagen: ihre mittlere Phase) präsentiert sich z. B. in der programmatischen Abhandlung »Philosophie als strenge Wissenschaft« (zuerst 1910/11 im 1. Band der Zeitschrift ›Logos‹) und vor allem im ersten Band der »Ideen zu einer reinen Phänomenologie und phänomenologischen Philosophie« (1913). Erstens nimmt hier die Phänomenologie eine gewisse transzendentale Wendung, und zweitens wird die phänomenologische Methode und Einstellung, nachdem sie in den »Logischen Untersuchungen« mehr oder weniger auf Logik und Erkenntnistheorie beschränkt geblieben war, nun zu einem universalen, für alle Gegenstandsbereiche bedeutsamen philosophischen Verfahren entwickelt. Wie Heidegger Husserls Entwicklung seit den »Logischen Untersuchungen« beurteilte, läßt sich nicht genau feststellen (vgl. jedoch das »Vorwort [Brief an W. J. Richardson]« Nr. 51, S. XV). Jedenfalls aber befaßte er sich, wie seine Lehrveranstaltungen seit 1919 zeigen, intensiv mit Problemen der Phänomenologie und machte offensichtlich auch für eigene Analysen von der phänomenologischen Methode Gebrauch. Noch wichtiger wurde aber möglicherweise der Umstand, daß sich diese Methode auch für die Interpretation von klassischen philosophischen Texten fruchtbar machen ließ. Bezeichnend sind folgende Lehrveranstaltungstitel: »Phänomenologische Interpretationen (Aristoteles, Physik)« (WS 1921/22), »Phänomenologische Interpretation ausgewählter Abhandlungen des Aristoteles zur Ontologie und Logik« (SS 1922), »Phänomenologische Übungen (Kant, Kritik der reinen Vernunft)«, »Phänomenologische Übungen (Hegel, Logik, I)« (beide WS 1925/26). Schließlich muß noch erwähnt werden, daß bestimmte Grundprobleme der Phänomenologie – und zwar schon in der Form, wie sie in den »Logischen Untersuchungen« vorlagen – in Heideggers Sicht die Dringlichkeit der Seinsfrage bestätigten. Heidegger selbst hat rückblickend auf den in Husserls »Logischen Untersuchungen« (2. Bd., II. Teil, 6. Kap.) herausgestellten Unterschied zwischen sinnlicher und kategorialer Anschauung hingewiesen, der sich ihm – Heidegger – damals »in seiner Tragweite für die Bestimmung der ›mannigfachen Bedeutung des Seienden‹« enthüllt habe (SD 86). Ferner legte er sich schon bei der Lektüre der »Logischen Untersuchungen« die Frage vor: »Worin besteht das Eigene der Phänomenologie, wenn sie weder Logik noch Psychologie ist?« (ebd. 83) Heideggers Lösung des Problems in »Sein und Zeit« bestand darin, daß er die Phänomenologie zur »phänomenologischen Ontologie« machte (SuZ 38; vgl. 35, 37), also unmittelbar für die Beantwortung der Seinsfrage einsetzte. Freilich nahm er dabei am Begriff des Phänomens und der Phänomenologie sowohl ausdrücklich (vgl. SuZ § 7) als auch in mancher Hinsicht stillschweigend so viele Änderungen vor, daß es fraglich ist, wieviel die Heideggersche Version der Phänomenologie noch mit der Husserlschen zu tun hat. Husserl selbst jedenfalls hat in dem von Heidegger in »Sein und Zeit« vertretenen Standpunkt ein klares Abweichen von der – nach Husserls Meinung – genuinen phänomenologischen Einstellung gesehen (vgl. unten 6.8).

b) Hermeneutik – Theorie der Geisteswissenschaften – Problematik der Geschichtlichkeit: mit diesen Stichworten ist ein weiterer Themenkomplex bezeichnet, mit dem sich Heidegger in größerem Ausmaß wohl erst *nach* seiner Habilitation auseinandersetzte. Von zentraler Bedeutung ist hier das philosophische Werk Wilhelm *Diltheys* (1833–1911), des Begründers der modernen geisteswissenschaftlichen Hermeneutik. (Vgl. »Einleitung in die Geisteswissenschaften«, 1883; »Der Aufbau der geschichtlichen Welt in den Geisteswissenschaften«, 1910.) Mindestens genauso wichtig wurden für Heidegger aber auch die – im Gedankenaustausch mit Dilthey geäußerten – Überlegungen des Grafen *Yorck von Wartenburg* (1835–1897), die gerade in den 20er Jahren durch die Veröffentlichung des Briefwechsels Dilthey/Yorck bekannt wurden (»Der Briefwechsel zwischen Wilhelm Dilthey und dem Grafen Paul Yorck von Wartenburg 1877–1897«, hrsg. von Sigrid von der Schulenburg, 1923). Die durch die Namen Diltheys und Yorcks angesprochenen Impulse hat Heidegger ausdrücklich in »Sein und Zeit« erwähnt: die Analytik des Daseins sei entschlossen, »den Geist des Grafen Yorck zu pflegen, um dem Werke Diltheys zu dienen« (SuZ 404; mit dieser Bemerkung schloß Heidegger den § 77 ab, der den Titel trug: ›Der Zusammenhang der vorstehenden Exposition des Problems der Geschichtlichkeit mit den Forschungen W. Diltheys und den Ideen des Grafen Yorck‹). Von Dilthey bezog Heidegger die – wenn man so sagen darf – ›Axiome‹ einer hermeneutischen Theorie, um sie mit der phänomenologischen Methode zu verbinden und sie so für die existenziale Analytik einzusetzen. Darüber hinaus wurden Diltheys Ansätze von Heidegger inhaltlich zu einer existenzialen Theorie des Verstehens weitergeführt bzw. ›radikalisiert‹. Yorck schließlich dürfte vor allem durch seine Überlegungen zur Geschichtlichkeit als dem

Grundcharakter menschlichen Daseins Heidegger beeinflußt und auf diese Weise wichtige Anregungen für dessen Theorie der Zeitlichkeit und Geschichtlichkeit des Daseins gegeben haben.

c) Nicht zu unterschätzen ist sicherlich der Stellenwert, den im Zuge der Vorgeschichte von »Sein und Zeit« Heideggers neuerliche Auseinandersetzung mit theologischen Positionen gehabt hat (vgl. oben die Hinweise auf die ›Dialektische Theologie‹ etc. im vorletzten Absatz von 3.3). Auf die Beschäftigung mit theologischen Fragen deuten auch einige Vorlesungen hin (»Einleitung in die Phänomenologie der Religion«, WS 1920/21; »Augustinus und der Neuplatonismus«, SS 1921). Die Bestimmungen menschlicher Existenz, die Heidegger in der Daseinsanalytik von »Sein und Zeit« enthüllt, sind zwar ›offiziell‹ a-theologisch, können aber in vielen Fällen ihre theologische Herkunft kaum verleugnen. Wichtig dürfte hier vor allem Texte des Apostels *Paulus*, des Kirchenvaters *Augustinus* und des jungen *Luther* gewesen sein. Im übrigen hatte schon bei Yorck das Fragen nach Geschichte und Geschichtlichkeit im Kontext christlicher Glaubenserfahrung gestanden.

Die Theologie dürfte für Heidegger in den Jahren nach 1915/16 aber nicht nur deshalb von Bedeutung gewesen sein, weil sie sozusagen Modelle menschlicher Existenzmöglichkeiten lieferte, sondern auch (was freilich damit zusammenhängt), weil von ihrem Standort aus eine Relativierung der griechischen Ontologie möglich wurde – jener Ontologie also, die in Heideggers Sicht für die ganze abendländische Philosophie bestimmend blieb. Die durch die neue Theologie verstärkt hervorgekehrten genuin jüdisch-christlichen Glaubenserfahrungen forcierten – so könnte man vielleicht sagen – das Unternehmen einer Hinterfragung des traditionellen (griechisch geprägten) Sinnes von Sein (vgl. auch oben 6.11).

Vollständigkeit in der Aufzählung der Einflüsse, die für Heideggers Denken auf dem Weg zu »Sein und Zeit« wichtig waren, kann hier nicht erreicht werden. So mag nur noch erwähnt werden, daß Heidegger sich mehr oder weniger stark auch mit den verschiedenen lebensphilosophischen Positionen auseinandersetzte, beispielsweise mit den Schriften Henri *Bergsons* (1859–1941) oder Georg *Simmels* (1858–1918). Auch Max *Scheler* (1874–1928), einer der Vertreter der neuen Anthropologie, dürfte einigen Einfluß auf Heidegger ausgeübt haben. Ob allerdings die Vermutung von Lucien *Goldmann* zutrifft, daß auch der junge Georg *Lukács* in seiner vormarxistischen Phase (1911: »Die Seele und die Formen«) auf Heidegger gewirkt hat (evtl. über den in Heidelberg mit Lukács befreundeten Emil

Lask) und daß darüber hinaus sogar »Sein und Zeit« u. a. auch als Auseinandersetzung mit Lukács' »Geschichte und Klassenbewußtsein« (1923) zu verstehen sei, muß vorerst noch fraglich bleiben. Dies gilt freilich genauso für manchen anderen Aspekt der Vorgeschichte von »Sein und Zeit«. Die philosophiegeschichtliche Forschung hat hier noch vieles zu klären, wobei sie sich in Zukunft besonders auf Heideggers Vorlesungen der 20er Jahre, mit deren Veröffentlichung im Rahmen der Heidegger-Gesamtausgabe gerade begonnen wird, stützen kann.

Literatur

J. D. Caputo: Phenomenology, mysticism and the Grammatica speculativa. A Study of Heidegger's Habilitationsschrift. In: JBSPh 5 (1974) 101–117.

W. Del-Negro: Von Brentano über Husserl zu Heidegger. In: ZphF 7 (1953) 571–585.

H.-G. Gadamer: Martin Heidegger und die Marburger Theologie. In: HeidPersp 169–178.

L. Goldmann: Mensch, Gemeinschaft und Welt in der Philosophie Immanuel Kants, Zürick, New York 1945 [241–246: Anhang über Heidegger und Lukács].

L. Goldmann: Lukács und Heidegger, 1975.

K. Hobe: Zwischen Rickert und Heidegger. Versuch über eine Perspektive des Denkens von Emil Lask. In: PhJb 78 (1971) 360–376.

K. Lehmann: Metyphysik, Transzendentalphilosophie und Phänomenologie in den ersten Schriften Martin Heideggers (1912–1916). In: PhJb 71 (1963/64) 331–357.

K. Lehmann: Christliche Geschichtserfahrung und ontologische Frage beim jungen Heidegger. In: PhJb 74 (1966) 126–153.

E. Morscher: Von der Frage nach dem Sein von Sinn zur Frage nach dem Sinn von Sein – der Denkweg des frühen Heidegger. In: PhJb 80 (1973) 379–385.

O. *Pöggeler:* s. AwBibl 91.

4.2 Die Existenzialontologie 1927–29

Nach einer Veröffentlichungspause von über einem Jahrzehnt erschienen in den Jahren 1927 bis 1929 vier Schriften von Heidegger; zwei Bücher: »Sein und Zeit« sowie »Kant und das Problem der Metaphysik«, die Freiburger Antrittsvorlesung »Was ist Metaphysik?«, und eine kleine Abhandlung »Vom Wesen des Grundes«. In der gleichen Zeit entstand auch der zuerst 1927 in Tübingen, dann 1928 in Marburg gehaltene – damals wohl großes Aufsehen erregende – Vortrag »Phänomenologie und Theologie«, der jedoch erst 1970 im Druck erschien. Von Bedeutung für diese Phase der Heideggerschen Philosophie ist ferner sein Auftreten bei den II. Davoser Hochschulkursen (März/April 1929), wo er in drei Vorträgen und in einer berühmt gewordenen Disputation mit Ernst *Cassirer* seine Kant-Interpretation und im Zusammenhang damit auch wichtige Thesen aus »Sein und Zeit« darlegte und verteidigte. Eine von Heidegger selbst besorgte knappe Zusammenfassung der drei Vorträge sowie ein ausführlicher Bericht über die Diskussion ist nun im Anhang der 4. Aufl. (1973) des Kant-Buches erschienen. (Ein kürzeres Protokoll der Diskussion – seinerzeit von J. Ritter und F. Bollnow verfaßt – hatte G. Schneeberger bereits 1960 als ›Beilage IV‹ in seinen »Ergänzungen zu einer Heidegger-Bibliographie« [Bern 1960] abgedruckt.)

Die durch die genannten Publikationen markierte Phase kann man – wie es in der Sekundärliteratur auch häufig geschieht – abkürzungshalber als Heideggers frühe Philosophie bezeichnen (unter der Voraussetzung, daß man die Schriften bis 1916 für nicht so bedeutend hält, wodurch der Titel ›frühe Philosophie‹ für die in »Sein und Zeit« und in den benachbarten Schriften vertretene Position freibleibt).

4.2.1 Zur Seinsfrage

Heideggers Hauptwerk erschien 1927 unter dem Titel »Sein und Zeit. Erste Hälfte« im 8. Bd. des ›Jahrbuchs für Philosophie und phänomenologische Forschung‹ und gleichzeitig als gesonderte Buchveröffentlichung. (Zu den näheren Umständen der Veröffentlichung vgl. Heideggers eigene Bemerkungen SD 87 f.) 1972 erreichte das Werk bereits die 12. Auflage. Seit der 7. Aufl. (1953) wurde im Titel der Zusatz »Erste Hälfte« weggelassen, da – wie Heidegger in einer Vorbemerkung erklärte – »die zweite Hälfte [...] sich nach einem Vierteljahrhundert nicht mehr anschließen« lasse, »ohne daß die erste neu dargestellt würde«. (Im Inhaltsverzeichnis und im Text selbst ersetzte Heidegger die Bezeichnung »Erste Hälfte« durch die Angabe »Erster Teil«.) Ursprünglich sollte »Sein und Zeit« nämlich zwei Teile haben:

> »Erster Teil: Die Interpretation des Daseins auf die Zeitlichkeit und die Explikation der Zeit als des transzendentalen Horizontes der Frage nach dem Sein.
>
> Zweiter Teil: Grundzüge einer phänomenologischen Destruktion der Geschichte der Ontologie am Leitfaden der Problematik der Temporalität« (SuZ § 8 der Einleitung).

Die gesamte zweite Hälfte ist aber nicht erschienen. Den Rückgang in die Geschichte der Ontologie anhand der drei

›Stationen‹ Kant, Descartes, Aristoteles hat Heidegger in der für »Sein und Zeit« geplanten Form (vgl. ebd.) nicht durchgeführt. Mindestens genauso bedeutsam ist jedoch der Umstand, daß auch von den *drei* ursprünglich geplanten Abschnitten des *ersten* Teils bzw. der ersten Hälfte (vgl. ebd.) 1927 nur *zwei* publiziert wurden; der dritte Abschnitt, der den Titel ›Zeit und Sein‹ tragen sollte, ist gleichfalls nicht mehr erschienen. (Der 1962 gehaltene *Vortrag* »Zeit und Sein« [abgedruckt in SD] ist weit davon entfernt, ein ›Ersatz‹ für jenen nicht erschienenen 3. Abschnitt des 1. Teils von »Sein und Zeit« zu sein.) Schematisch dargestellt, ergibt sich folgendes Bild:

1. Teil:	1. Abschnitt 2. Abschnitt	1927 erschienen
2. Teil:	3. Abschnitt (3 Abschnitte)	nicht erschienen

Im Grunde ist also Heideggers Hauptwerk ein Fragment geblieben, worauf später noch kurz einzugehen ist. Im folgenden wird zunächst ein knapper Abriß der Problematik gegeben, wie sie in den beiden erschienenen Abschnitten – die man normalerweise meint, wenn man von »Sein und Zeit« spricht – vorliegt.

Die im Titel vorgenommene Verbindung des Begriffs ›Sein‹ mit dem der ›Zeit‹ mußte vor dem Hintergrund der philosophischen Tradition als spektakuläres und gewagtes Unterfangen erscheinen. Denn die durch jene Begriffe indizierten Standpunkte gelten seit langem – im Grunde schon seit den Anfängen der Philosophie bei den Griechen – als gegensätzlich oder gar als miteinander unvereinbar. Wer ›Sein‹ sagt – so könnte man die Situation schildern –, glaubt, daß die wahre Wirklichkeit im konstanten, unveränderlichen Immerseienden besteht; wer dagegen ›Zeit‹ sagt, begreift eben diese Wirklichkeit als jeweils zeitlich und geschichtlich bedingt, als entstehend und vergehend. Der Titel »Sein und Zeit« konnte als Zurückweisung einer solchen Disjunktion aufgefaßt werden. Hinter ihm verbarg sich offenbar die These: die Zeit ist keine Alternative zum Sein; vielmehr ist das Sein selbst zeitlich. Mit dieser formelhaften Abkürzung lassen sich Intention und Programm von Heideggers Hauptwerk in der Tat kennzeichnen. In der ausführlichen Einleitung liest sich das dem Sinne nach etwa so (vgl. bes. § 6):

Zwar gewannen bereits die Griechen (bes. *Platon* und *Aristoteles*) das Verständnis von Sein aus der Zeit, jedoch »ohne jedes ausdrückliche Wissen um den dabei fungierenden Leitfaden, ohne Kenntnis oder gar Verständnis der fundamentalen ontologischen Funktion der Zeit« (26). Vor allem wurden von den *drei* Zeitmodi durchweg zwei, nämlich Vergangenheit und Zukunft, unterschlagen und so das Sein immer nur vom Modus der Gegenwart her begriffen, nämlich als Anwesenheit (οὐσία). Fortan – von den Griechen über die mittelalterliche Philosophie, Descartes, Kant, Hegel bis heute – beherrschte und beherrscht, Heidegger zufolge, die aus der Interpretation des Seins als Anwesenheit folgende Ontologie der Vorhandenheit stillschweigend das Verständnis der Dinge dieser Welt und – was verhängnisvoller ist – auch das des Menschen selbst. Verdinglichung und Entfremdung sind die Folgen. Dieser Entwicklung bzw. diesem Zustand will Heidegger dadurch ein Ende setzen, daß er die vergessene Frage nach dem Sinn von Sein erneut stellt bzw. – wie er sich ausdrückt – »wiederholt« (vgl. § 1). Dieses Unternehmen bezeichnete er als »Fundamentalontologie« (vgl. i. e. L. §§ 3 und 4), und zwar deshalb, weil damit die verschiedenen einzelnen (Husserl sagte: »regionalen«) Ontologien, die sich mit der Seinsverfassung spezieller Bereiche (Husserl: »Regionen«) des Seienden, wie z. B. mit der Natur, der Geschichte etc., befassen, allererst *fundiert* werden sollten.

Diese Fundamentalontologie wurde nun in einer ganz eigentümlichen Weise angesetzt. Da Sein – so Heidegger – immer Sein *des Seienden* bzw. Sein *von Seiendem* bedeutet, muß in der Frage nach dem Sinn von Sein das Seiende selbst befragt werden. Nun gibt es aber verschiedene Arten des Seienden, z. B. Dinge, Lebewesen, Menschen. Welches ist das zu Befragende? Man hätte denken können: Wenn nach *dem* Sein (dem Sinn von Sein im allgemeinen) gefragt wird, so muß entsprechend auch *das* Seiende, will sagen: *alles* Seiende, befragt werden. Diesen Weg beschritt Heidegger aber gerade nicht. Vielmehr stellte er als das in der Seinsfrage zu Befragende ein bestimmtes – wenn man so will: ein spezielles – Seiendes heraus, nämlich das Seiende, als welches der Mensch selbst ist. Heidegger nannte es »das Dasein«. Das Dasein (das Seiende ›Mensch‹) ist nämlich vor anderem Seienden dadurch ausgezeichnet, daß es ihm »in seinem Sein um dieses Sein selbst geht« (12); d. h. das Dasein versteht sich irgendwie in seinem Sein, und dieses »Seinsverständnis ist selbst eine Seinsbestimmtheit des Daseins« (ebd.). Das Sein des Daseins nannte Heidegger »Existenz« (ebd.). Von zentraler Bedeutung ist nun die Feststellung, daß die »Wesensbestimmung dieses Seienden [des

Daseins] nicht durch Angabe eines sachhaltigen Was vollzogen werden kann, sein Wesen vielmehr darin liegt, daß es je sein Sein als seiniges zu sein hat« (ebd.). Man muß hier gegenüber manchen anders lautenden Interpretationen – und zumal gegenüber der späteren Selbstinterpretation Heideggers (s. u. 4.4) – festhalten, daß mit diesem Satz gewissermaßen eines der ›Axiome‹ des Existenzialismus formuliert ist: *das* Wesen des Menschen gibt es nicht, vielmehr muß der Mensch im Vollzug seiner Existenz sein Sein gleichsam selbst erst erbringen. Jean-Paul *Sartre*, gerade in diesem Punkte stark von Heidegger beeinflußt, wird dieses später in seinem berühmten Essay »Ist der Existentialismus ein Humanismus?« (1946) so formulieren: »Gemeinsam haben sie [die Existentialisten] die Überzeugung, daß die Existenz der Essenz vorangehe.« Der Mensch ist »ein Wesen, das existiert, bevor es durch irgendeinen Begriff definiert werden kann«. »Der Mensch ist lediglich so, wie er sich konzipiert [...]; der Mensch ist nichts anderes als wozu er sich macht.« (J.-P. Sartre: Drei Essays, 1964, S. 9, 11)

Zurück zu Heideggers Seinsfrage. »Das Dasein« – so sagt er – »hat demnach einen mehrfachen Vorrang vor allem Seienden« (SuZ 13). Daraus ergibt sich der überaus folgenreiche Schritt: »Daher muß die *Fundamentalontologie* [...] in der *existenzialen Analytik des Daseins* gesucht werden.« (ebd.) D. h.: wer nach dem Sinn von Sein fragen will, muß beim Menschen und seiner Existenz ansetzen. Man muß jedoch fragen: wie komme ich vom Sein dieses *bestimmten* Seienden zum Sein von Seiendem *überhaupt?* Dieser Übergang ist wohl nur unter der Voraussetzung möglich, daß die Auskunft darüber, was das Sein bzw. sein Sinn sei, dem *einen* Seienden in größerem Maße zugebilligt wird als allen anderen. Mehr noch: der Ansatz der Fundamentalontologie als existenziale Analytik ist nur dann stringent, wenn von vorneherein ausgemacht ist, daß beim Sein des Daseins irgendwie auch die Entscheidung über den Sinn von Sein *überhaupt* liegt. Es ist nun keineswegs leicht zu entscheiden, ob diese Voraussetzung in »Sein und Zeit« wirklich gemacht wird. Der späte Heidegger, der seine frühe Philosophie umdeutet, stellt dies in Abrede; unter den Heidegger-Interpreten ist dieser zentrale Punkt durchaus kontrovers. Mir scheint freilich, daß eine Reihe von Textstellen (wenn auch vielleicht nicht eine bestimmte Interpretation aufzwingt, so doch) zumindest eine gewisse Interpretationsrichtung nahelegt. Es sind dies die Stellen, wo Heidegger ziemlich unzweideutig sagt, daß das Dasein nicht nur Sein *versteht,* sondern daß darüber hinaus das Sein vom Seinsverständnis – und d. h. vom seinsverstehenden Dasein – *abhängig* ist (vgl. bes. 212). Wörtlich heißt es: »nur solange Dasein ist, [...] ›gibt es‹ Sein« (ebd.) Das Sein wird irgendwie vom Dasein entworfen (vgl. bes. 147, auch 315 sowie 226, 230; auch Heideggers Bemerkungen zu einem Entwurf Husserls für den ›Phänomenologie‹-Artikel in der Encyclopaedia Britannica [in Nr. 63] sind ein wichtiges Dokument zur Bestätigung der hier bevorzugten Interpretationsrichtung). Dieses ›irgendwie‹ bleibt dann allerdings mehr oder weniger unbestimmt, nicht zuletzt deshalb, weil das ganze Unternehmen der Fundamentalontologie nicht vollendet wurde. Es scheint mir aber zumindest nicht abwegig zu sein, wenn man die Position von »Sein und Zeit« als ›existenzial modifizierte Transzendentalphilosophie‹ kennzeichnet. Dies ist jedenfalls *eine* Seite des Ansatzes der Heideggerschen Frühphilosophie. Mit Analogie zu Kant könnte man formulieren: die Bedingungen der Möglichkeit von Seinsverständnis sind zugleich die Bedingungen der Möglichkeit von Sein – und sie liegen im Subjekt. Wenn man »Sein und Zeit« in diesem Sinne an die transzendentalphilosophische Tradition anschließt, darf man freilich andererseits nicht übersehen, daß das Spezifische des Heideggerschen Ansatzes gerade in der existenzialen Modifizierung – wenn man so will: Radikalisierung – der transzendentalphilosophischen Position liegt: im Mittelpunkt steht nicht mehr – wie etwa bei Kant oder Husserl – das (reine) Bewußtsein, sondern die konkrete menschliche Existenz.

Literatur

Th. W. Adorno: Negative Dialektik, 1966 [Erster Teil: Verhältnis zur Ontologie].

M. Brelage: Studien zur Transzendentalphilosophie, 1965 [zu Heidegger bes. 188–229].

W. Franzen: s. AwBibl 28 [S. 8–28].

H. Gipper: Bausteine zur Sprachinhaltsforschung, 1963 [zu Heidegger 174 ff.].

K. H. Haag: Kritik der neueren Ontologie, 1960.

K. H. Haag: Zur Lehre vom Sein in der modernen Philosophie. In: Die Lehre vom Sein in der modernen Philosophie, hrsg. von K. H. Haag, 1963, 1–11.

K. J. Huch: s. AwBibl 48.

H. Hüni: Rekonstruktion des Fragens. Ein systematischer Versuch zum Ansatz von Heideggers Frage nach dem Sinn von Sein. Phil. Diss. Köln 1973.

K. Lehmann: Vom Ursprung und Sinn der Seinsfrage im Denken Martin Heideggers. Phil. Diss. Rom 1962.

R. Marten: Existieren, Wahrsein und Verstehen. Untersuchungen zur ontologischen Basis sprachlicher Verständigung, 1972 [zu Heidegger 211–251].
E. K. Specht: Sprache und Sein, 1967 [zu Heidegger 31 ff.].
E. Tugendhat: Die sprachanalytische Kritik der Ontologie. In: Das Problem der Sprache, hrsg. von H.-G. Gadamer, 1967, 483–493.

4.2.2 Zur existenzialen Analytik

Die existenziale Analyse oder Analytik des Daseins hat die Aufgabe, das Sein des Daseins (die Existenz) in den Grundbestimmungen – Heidegger nennt sie »Existenzialien« – freizulegen, und zwar im Gegenzug zur philosophischen Tradition, die in Heideggers Sicht bedauerlicherweise auch das Sein des Menschen stets nach Maßgabe des Seins der Dinge interpretiert hat. Diese Analytik gliedert sich in zwei Abschnitte mit jeweils sechs Kapiteln.

Der erste Abschnitt trägt den Titel ›Die vorbereitende Fundamentalanalyse des Daseins‹. In ihm geht es Heidegger darum, das Dasein »in seinem indifferenten Zunächst und Zumeist« aufzudecken (43). Der Gesamtzusammenhang der entsprechenden Phänomene wird »Alltäglichkeit« (ebd.), zuweilen auch »Durchschnittlichkeit« genannt. Dieser Bereich menschlicher Existenz ist – Heidegger zufolge – in der Philosophie immer wieder vernachlässigt oder gar ganz ignoriert worden. Der Grund dafür liegt darin, daß in der philosophischen Tradition meist ein bestimmter sekundärer Existenzmodus – nämlich der des theoretischen Verhaltens – stillschweigend oder auch ausdrücklich als maßgeblich angesetzt wurde. Damit ist aber die primäre, ursprüngliche Dimension menschlicher Existenz unzulässigerweise übersprungen. Primär nämlich ist das Sein des Menschen durch vor- bzw. nicht-theoretisches Verhalten gekennzeichnet. Eben dieses wird im ersten Abschnitt von »Sein und Zeit« untersucht. In gewisser Weise erfüllt Heidegger damit das Programm einer Theorie dessen, was wir heute meist mit dem durch Husserl gebräuchlich gewordenen Begriff der ›Lebenswelt‹ bezeichnen. Heidegger selbst sprach beispielsweise von der Notwendigkeit der »Ausarbeitung der Idee eines ›natürlichen Weltbegriffs‹« (52). In diesem Sinne sollte »das In-der-Welt-sein überhaupt als Grundverfassung des Daseins« herausgearbeitet werden (Titel des 2. Kap.'s, S. 52). Dabei ging es darum, im Gegenzug zur Verabsolutierung des wissenschaftlichen Weltbildes die vorwissenschaftlichen Erfahrungen freizulegen, d. h. zu analysieren, wie sich dem Menschen vor aller wissenschaftlichen Einstellung die Dinge dieser Welt zeigen und wie er sich selbst erscheint. So stellte Heidegger beispielsweise heraus, daß der Mensch sich selbst und daß die Welt dem Menschen zunächst und zumeist im Medium nicht etwa von Erkenntnissen, sondern von Stimmungen erschlossen ist (vgl. § 29). Von exemplarischer Bedeutung war die Herausarbeitung des Unterschieds zwischen Vorhandenheit und Zuhandenheit (vgl. das 3. Kap., bes. § 15). Abkürzend kann man sagen: Zuhandenheit wurde als Seinsart des der Lebenswelt bzw. Umwelt zugehörigen Seienden bestimmt – Heidegger nannte es »Zeug« –, Vorhandenheit dagegen als Seinsart des in der ›Theoriewelt‹ vorkommenden Seienden. Die Pointe bestand nun in der Feststellung: »Zuhandenheit ist die ontologisch-kategoriale Bestimmung von Seiendem, wie es ›an sich‹ ist.« (71) D. h.: primären Zugang zu den Dingen gewinnt der Mensch nicht in theoretischer Einstellung, sondern durch den – wie Heidegger sich ausdrückt – »besorgenden Umgang« (z. B. 67) mit dem ihm begegnenden Seienden, also durch die alltägliche Lebenspraxis. (Den Ausdruck ›Praxis‹ vermeidet Heidegger allerdings durchgehend.) Es ist also sicherlich nicht ganz falsch, wenn man in »Sein und Zeit« neben zahlreichen anderen philosophischen Motiven auch gewisse pragmatistische Elemente glaubte ausmachen zu können. Die Frage, ob nicht andererseits aus der in »Sein und Zeit« vorgenommenen Überbetonung der lebensweltlichen Dimension gegenüber der theoretisch-wissenschaftlichen bereits ein gewisser anti-wissenschaftlicher Impuls herauszulesen ist, kann hier nur als mögliches Problem in kritischer Absicht genannt werden.

Zum In-der-Welt-sein gehört aber nicht nur das Verhältnis des Daseins zum Zeug, sondern auch das Verhältnis zu Seiendem von gleicher, d. h. ebenfalls daseinsmäßiger Seinsart, also das »Mit- und Selbstsein« (4. Kap.). Das Verhältnis des einzelnen Menschen zu anderen – so stellte Heidegger heraus – ist nicht so zu denken, als ob das eine Subjekt erst Beziehungen zu den anderen herstellen müßte. Genausowenig wie es ein bloßes Subjekt ohne Welt gibt, genausowenig ist zunächst ein isoliertes Ich ohne die Anderen gegeben. Vielmehr sind die Anderen in der alltäglichen Lebenspraxis immer schon miterschlossen, sie begegnen aus der Welt, aus dem innerweltlich Zuhandenen her (vgl. § 26). Dieser Heideggersche Ansatz zu einer Art Sozialontologie nimmt nun aber eine eigentümliche Wendung. Das alltägliche Miteinandersein wird nun nämlich als dasjenige gekennzeichnet, was gerade ein echtes Selbstsein verhindert:

»das Dasein steht als alltägliches Miteinandersein in der *Botmäßigkeit* der Anderen. Nicht es selbst *ist*, die Anderen haben ihm das Sein abgenommen.« (126) Diesen Sachverhalt entfaltet Heidegger in seiner berühmten Theorie des ›Man‹ (§ 27, auch noch §§ 35–38). Quintessenz: »Das Selbst des alltäglichen Daseins ist das Man-selbst, das wir von dem *eigentlichen*, das heißt eigens ergriffenen *Selbst* unterscheiden.« (129) Das Man ist ›schuld‹ an der Zweideutigkeit des Geredes und der Hemmungslosigkeit des Betriebs, es führt zu Aufenthaltlosigkeit, Bodenlosigkeit und Entfremdung; es verhindert alle Echtheit, Ursprünglichkeit, Selbständigkeit, Eigentlichkeit. Mit einem Wort: Dasein in der Weise des Man ist Verfallenheit (vgl. § 38).

Es ist eindeutig, daß Heidegger hier auf gewisse Züge der modernen Massengesellschaft anspielt. ›Offiziell‹ ist die Analyse zwar neutral, faktisch jedoch stellt sie eine scharfe Kritik an den analysierten Erscheinungen dar, woran der gehäufte Gebrauch pejorativer Vokabeln keinen Zweifel läßt. Die Alltäglichkeit, die an sich gegenüber der Differenz von Eigentlichkeit und Uneigentlichkeit neutral sein sollte und zunächst sogar – nämlich in der Konfrontation mit der Theorie- und Wissenschaftswelt – als das Ursprüngliche herausgestellt wurde, wird an einer bestimmten Stelle, nämlich da, wo es ums Mit- und Selbstsein geht, zur Uneigentlichkeit.

Die Theorie des ›Man‹ gehört wohl zu den umstrittensten Passagen von »Sein und Zeit«. Dies kann aber wiederum nur in Form von einigen Fragen angedeutet werden: Kann man diese Theorie wirklich als Gesellschaftskritik auffassen? Oder handelt es sich hier vielmehr um einen uralten – z. B. schon bei Platon vorkommenden – Topos, demzufolge die wenigen nach Weisheit Strebenden von den Vielen (οἱ πολλοί) abgehoben werden? (Wie wäre dann freilich dieser Topos seinerseits zu beurteilen?) Wenn die Theorie des Man aber als Gesellschaftskritik verstanden werden kann: ist sie im Recht? Und was kritisiert sie überhaupt: nur *bestimmte Züge* der modernen Gesellschaft? Oder die moderne Gesellschaft in toto? Hat Heideggers Analyse im Kern vielleicht antizivilisatorischen, antiindustriegesellschaftlichen, antimodernen Charakter?

Bis zum Ende des 5. Kapitels (des 1. Abschnitts) haben sich die Grundstrukturen der Seinsverfassung des Daseins herauskristallisiert. Sie präsentieren sich auf den verschiedenen Betrachtungsebenen als jeweils komplementäre Momente: Verstehen – Befindlichkeit, Entwurf – Geworfenheit, Existenzialität – Faktizität. Diese Bipolarität wird noch jeweils durch ein drittes Moment vervollständigt, bei dessen Bestimmung allerdings eine etwas irritierende Blickwinkelverschiebung im Spiel ist; wenn nämlich zunächst die »Rede« (§ 34, bes. S. 161), dann aber das »Verfallensein« (vgl. bes. 191, später noch 350) als drittes Moment angesetzt wird, so hat sich offensichtlich der leitende Gesichtspunkt für den analytischen Zugriff verschoben.

Im letzten, dem sechsten Kapitel des 1. Abschnitts fragt Heidegger, wie – angesichts der Vielfalt der existenzialen Bestimmungen – die »ursprüngliche Ganzheit des Strukturganzen des Daseins« zu fixieren sei (§ 39). Die Existentialität läßt sich formal fassen als Sich-vorweg-sein des Daseins, die Faktizität als Schon-sein-in ..., das Verfallen als Sein bei ... Dann ergibt sich: »Das Sein des Daseins besagt: Sich-vorweg-schon-sein-in-(der-Welt-) als Sein-bei (innerweltlich begegnendem Seienden). Dieses Sein erfüllt die Bedeutung des Titels Sorge [...]« (192, insgesamt § 41). Mit dieser Herausarbeitung der Seinsverfassung des Daseins als Sorge ist die vorbereitende Phase der existenzialen Analytik an ihrem Ziel angelangt.

Es muß aber noch erwähnt werden, daß Heidegger im 1. Abschnitt zusätzlich zu der eigentlichen Analyse, wenn auch stets vor deren Hintergrund, eine Reihe von philosophischen Standardproblemen diskutierte und teilweise auch durch philosophiegeschichtliche Interpretationen (i. e. L. zu Descartes: §§ 19–21) konkretisierte. Dies geschah durchweg so, daß er die Art und Weise, wie solche Probleme üblicherweise gestellt wurden, als abkünftig und sekundär hinstellte. In einigen Fällen befolgte er dabei die Strategie, gewisse Fragestellungen – z. B. die »Problematik des Verstehens ›fremden Seelenlebens‹« (124, insgesamt § 26) oder die Frage nach der Realität (bzw. der Beweisbarkeit der Realität) der Außenwelt (§ 43 a) – als letztlich sinnlos zu erweisen.

Unter den von Heidegger gewissermaßen radikalisierten Problemen ragen zwei besonders heraus: das des Verstehens und das der Wahrheit. Das Verstehen, bis dato meist als das den Geisteswissenschaften eigentümliche Erkenntnismedium thematisiert, wird in »Sein und Zeit« zu einer Grundbestimmung der Seinsverfassung des Daseins; es hat »die existenziale Struktur [...], die wir Entwurf nennen« (145). Ein wichtiger Aspekt bei der Analyse der hierfür relevanten Phänomene ist das klassische Problem des Zirkels im Verstehen (vgl. 152 f.). Heideggers These, dieser Zirkel sei nicht als unvermeidbares

Übel, sondern als »positive Möglichkeit« (153) zu nehmen, hat für die unter dem Titel ›hermeneutischer Zirkel‹ geführte jüngere Debatte beträchtliche Bedeutung gehabt, insbesondere bei (Heideggers Schüler) Hans-Georg *Gadamer* (der in seinem 1960 erschienenen Buch »Wahrheit und Methode« ausdrücklich und ausgiebig an Heidegger anknüpfte, vgl. bes. im Zweiten Teil den Abschnitt II, 1, a).

Beim Problem der Wahrheit schließlich, mit dessen Behandlung der 1. Abschnitt von »Sein und Zeit« abgeschlossen wurde (§ 44), ging es Heidegger darum, die Fixierung auf die Gleichung ›Wahrheit = Übereinstimmung (Korrespondenz, Adäquation) von Aussage und Gegenstand‹ als oberflächlich zu erweisen und aufzulösen zugunsten jener Perspektive, in der sich »Wahrheit im ursprünglichsten Sinne« als »die Erschlossenheit des Daseins« herausstellt (223). Besonders auffällig war dabei Heideggers Anknüpfung an das griechische Wort ἀλήϑεια, das er mit ›Unverborgenheit‹ übersetzte, um den privativen Zug im Wesen der Wahrheit herauszukehren. (Daß dies auch bei den Griechen so intendiert gewesen sein soll, ist bestritten worden, z. B. von W. Kamlah und P. Lorenzen: Logische Propädeutik, 1967, S. 129 [»Anmerkung zu ›Aletheia‹«]; Heidegger selbst hat sich später nochmals dazu geäußert; vgl. SD 74 ff.)

Im 2. Abschnitt von »Sein und Zeit«, der den Titel ›Dasein und Zeitlichkeit‹ trägt, holt die existenziale Analytik zu einem neuen Ansatz aus. Denn die bisherige Analyse – so Heidegger – könne »den Anspruch auf Vollständigkeit nicht erheben« (233); daher gelte es nun, das Dasein »in seiner möglichen *Eigent*lichkeit und Ganzheit« ans Licht zu bringen (ebd.). ›Ganzheit‹ bezieht sich jetzt nicht mehr auf die *Struktur* im Sinne der Einheitlichkeit und Vollständigkeit der Analyse, sondern auf das Sein des Daseins, also auf die Existenz selbst. Es geht um die Frage, wie das Dasein selbst ganz sein könne, anders gewendet: wie es sich in ein Verhältnis zu seinem eigenen Ende setzen könne. Damit ist das Problem des Todes angesprochen. Der Tod erweist sich als »äußerste«, »eigenste, unbezügliche, unüberholbare Möglichkeit« (250). Nur im »Sein zum Tode« (vgl. insgesamt das 1. Kap. des 2. Abschnitts), im »Vorlaufen in den Tod« (§ 5) kann das Dasein wahrhaft eigentlich sein, indem es seine Endlichkeit übernimmt. Es ist vielleicht nicht ganz unwichtig, darauf hinzuweisen, daß für Heidegger der Tod offenbar vor allem deshalb als oberstes Eigentlichkeitskriterium fungiert, weil angesichts des Todes das Dasein radikal vereinzelt ist (vgl. § 47). Jede Vertretungsmöglichkeit, von der das Man sonst so gerne Gebrauch macht, scheitert hier: »Keiner kann dem Anderen sein Sterben abnehmen.« (240) Gerade im Sein zum Tode kann also das Dasein in ausgezeichneter Weise es selbst sein. Die Möglichkeit des Vorlaufens in den Tod erweist sich so als radikale Alternative oder Antithese zu den uneigentlichen Seinsmöglichkeiten, in die das Dasein durch seine Verfallenheit an das Man verstrickt ist. Es braucht kaum darauf hingewiesen zu werden, daß gerade dieser Teil der existenzialen Analytik (wie bereits die aus methodischen Gründen in den 1. Abschnitt, § 40, vorgezogene Analyse des Phänomens der Angst) im engen Zusammenhang mit Heideggers *Kierkegaard*-Rezeption (vgl. von Kierkegaard insbes. »Der Begriff der Angst«, 1844; »Die Krankheit zum Tode«, 1849) zu sehen und vor dem Hintergrund von zeit- bzw. geistesgeschichtlichen Phänomenen wie der Dialektischen Theologie und dem Expressionismus zu verstehen ist.

Die Analyse wendet sich dann zunächst einigen weiteren Eigentlichkeitsbestimmungen wie Schuld, Gewissen, Entschlossenheit zu (2. Kap. des 2. Abschnitts), die sich alle mehr oder weniger unmittelbar aus der Exposition des Todesproblems ergeben und für die gleichfalls das Herausstellen der Möglichkeit radikal vereinzelten Selbstseins gegenüber der Diktatur des Man konstitutiv ist. Schließlich wird auch das Ziel der Analyse im 2. Abschnitt, nämlich die Herausarbeitung des Phänomens der Zeitlichkeit (3. Kap.), in engem Zusammenhang mit der Todesthematik anvisiert (vgl. § 65). Abgekürzt dargestellt, erweist sich nämlich das Sein zum Tode in der vorlaufenden Entschlossenheit als diejenige Möglichkeit, in der das Dasein auf sich, auf sein Sein *zukommt;* eben darin aber liegt »das ursprüngliche Phänomen der Zukunft« (325). In ähnlicher Weise leitet Heidegger auch die beiden anderen Dimensionen – oder, wie er es nennt, »Ekstasen« – der Zeitlichkeit ab, nämlich Gewesenheit und Gegenwart, um dann die einheitliche Struktur der Zeitlichkeit als den Sinn der im 1. Abschnitt analysierten Struktur der Sorge zu bestimmen. Diese Zeitlichkeit des Daseins ist nun nichts anderes als die ursprüngliche Zeit. Damit ist die existenziale Analyse im Grunde an ihrem Ziel angelangt.

Es bleiben noch einige zusätzliche Aufgaben. Zunächst einmal bedarf die vorbereitende Analyse des 1. Abschnitts in gewisser Weise einer Wiederholung: die dort herausgestellten Alltäglichkeitsphänomene müssen vom neu gewonnenen Standort des 2. Abschnitts her gleichsam re-interpretiert, nämlich in ihrem zeitlichen Sinn aufgedeckt werden. Dies geschieht im 4.

Kapitel. Danach wendet sich Heidegger dem Problem der Geschichtlichkeit zu (5. Kap.), wobei allerdings nur noch das zur Enthüllung gebracht werden soll, »was eingehüllt in der Zeitigung der Zeitlichkeit schon liegt« (376). D. h.: die Analyse des Phänomens der Geschichtlichkeit bringt gegenüber der Bestimmung der Zeitlichkeit nichts wesentlich Neues. Auch die Geschichtlichkeit ist eine innere Geschehensstruktur des Daseins, während die Geschichte im Sinne des historischen Prozesses für Heidegger ein abgeleitetes Phänomen darstellt.

Im letzten, dem 6. Kapitel schließlich will Heidegger den Ursprung des »vulgären« (d. h. des üblichen, normalen) Zeitbegriffs, in dem die Zeit als Jetzt-Folge aufgefaßt ist, klären.

Was leistet Heideggers Theorie der Zeitlichkeit und Geschichtlichkeit? Auch hier sind die Meinungen kontrovers. Ist mit den Untersuchungen in »Sein und Zeit« endlich eine Antwort auf die drängenden Fragen nach der Zeitlichkeit und Geschichtlichkeit menschlicher Existenz gegeben? Oder hat Heidegger wenigstens die nötige Vorarbeit dazu geleistet, indem er immerhin die formale Struktur von Zeitlichkeit und Geschichtlichkeit bestimmte? Oder aber geht Heidegger im Grunde mit seinen Analysen am Problem der Geschichte gerade *vorbei*, vielleicht deshalb, weil er sich weigert, die für dieses Problem konstitutive Dimension des Gesellschaftlichen in die Untersuchung miteinzubeziehen? Ist »Sein und Zeit« also ein gelungener – vielleicht sogar der einzige oder erste gelungene – Ansatz zu einer Geschichtsphilosophie? (Dies meinen viele von Heideggers Schülern und ihm verpflichteten Interpreten, z. B. *Wiplinger* und *Pugliese*, aber auch der junge H. *Marcuse;* vgl. seine vielzitierte Berufung auf Heidegger im Vorwort zu seinem 1932 erschienenen Buch »Hegels Ontologie und die Theorie der Geschichtlichkeit«.) Oder aber ist die Existenzialontologie gerade ein Ausweichen vor dem Problem der realen Geschichte? (Dies meinen viele kritische Interpreten, z. B. *Adorno, Lukács,* auch *Landmann* u. a. m.)

Am Schluß von »Sein und Zeit« fragte Heidegger: »Führt ein Weg von der ursprünglichen Zeit zum Sinn des Seins? Offenbart sich die *Zeit* selbst als Horizont des Seins?« (437) Diese Fragen sollten offensichtlich im 3. Abschnitt (des 1. Teils) unter dem Titel ›Zeit und Sein‹ behandelt werden. Dieser Abschnitt ist, wie gesagt, nicht (mehr) erschienen. In der Form eines Entwurfs hat er aber wohl existiert (und existiert er vermutlich noch jetzt). Hühnerfeld (AwBibl 49, S. 58) wußte zu berichten, daß Teile des Manuskripts unter bevorzugten Schülern kursieren. Entsprechend gibt es auch in der Heidegger-Literatur einige Andeutungen und viele Spekulationen darüber, was in diesem Abschnitt gestanden hätte, wenn er veröffentlicht worden wäre. Am bekanntesten ist der Hinweis von M. *Müller*, daß Heidegger – »nach eigener Mitteilung« – versucht habe, »eine dreifache Differenz zu unterscheiden: a) die ›transzendentale‹ oder ontologische Differenz im engeren Sinne: Den Unterschied des Seienden von seiner Seiendheit; b) die ›transzendenzhafte‹ oder ontologische Differenz im weiteren Sinne: den Unterschied des Seienden *und* seiner Seiendheit vom Sein selbst; c) die ›transzendente‹ oder theologische Differenz im strengen Sinn: Den Unterschied des Gottes vom Seienden, von der Seiendheit und vom Sein.« (AwBibl 82, S. 66 f.)

Trotz solcher Hinweise bleiben die Mutmaßungen über den Inhalt des 3. Abschnitts von »Sein und Zeit« ohne konkreten Anhalt, solange das Manuskript nicht selbst öffentlich zugänglich ist. Nur soviel läßt sich sagen: der fragliche Abschnitt hätte sicherlich eine gewisse Umkehrung der Blickrichtung bringen sollen. Denn während im (1. und) 2. Abschnitt das Dasein *auf die Zeit hin* interpretiert wurde, sollte im 3. Abschnitt das Sein *aus der Zeit her* expliziert werden. Das hätte zugleich noch eine weitere Umkehrung nötig gemacht. Die existenziale Analyse mußte immer schon einen gewissen *unausdrücklichen* Vorbegriff des Sinnes von Sein zugrunde legen und somit in gewisser Weise vorläufig bleiben. Nach der *ausdrücklichen* Explikation des Sinnes von Sein hätte es daher einer Wiederholung jener Analyse bedurft, in der das Dasein nun *vom Sein her* (vom geklärten Sinn von Sein her) hätte gedeutet werden müssen, statt, wie im 1. und 2. Abschnitt, *auf das Sein hin* (mit Blick auf den zu klärenden Sinn von Sein). Diese Umkehrungen waren zweifellos für den 3. Abschnitt geplant. Ob sich in einem weitergehenden Sinn am spezifischen Ansatz von »Sein und Zeit« etwas geändert hätte, muß dagegen fraglich bleiben. Insbesondere sind gegenüber der (von vielen Interpreten akzeptierten) späteren Heideggerschen Selbstdeutung, derzufolge der 3. Abschnitt von »Sein und Zeit« bereits auf jene ›Kehre‹ angelegt war, die Heidegger erst später vollzog, Zweifel angebracht (vgl. unten 4.4). Eher darf man vermuten, daß auch für den Fall der Vollendung von »Sein und Zeit« die existenzial-transzendentale Grundposition nicht aufgegeben werden sollte. Die plausibelste Erklärung für den Umstand, daß »Sein und Zeit« nicht vollendet wurde, bleibt daher die, daß sich der fundamentalontologische Weg zum Sinn von Sein *über eine Analytik des Daseins* letztlich als nicht gangbar erwies.

Literatur

Th. W. Adorno: s. AwBibl 1.

W. Biemel: Heideggers Begriff des Daseins. In: Studia Catholica 24 (1949) 113–129.

L. Bussmann: Der Gewissensbegriff bei Martin Heidegger und Karl Jaspers. Phil. Diss. Würzburg 1951.

C. F. Gethmann: Heideggers These vom Sein des Daseins als Sorge und die Frage nach der Subjektivität des Subjekts. In: Zschr. f. Kath. Theol. 32 (1970) 425–453.

F. W. von Herrmann: s. AwBibl 44.

P. Hühnerfeld: Die Kategorie der Befindlichkeit in der Philosophie Martin Heideggers. Phil. Diss. Hamburg 1951.

B. Koepp: Merimna und Agapa. Zur Analytik des Daseins in Heideggers »Sein und Zeit«. In: Festschrift für R. Seeberg, 1929, 99–139.

G. Lukács: s. AwBibl 71 [zu Heidegger 389–412].

W. Müller-Lauter: s. AwBibl 83.

F. A. Olafson: Consciousness and Intentionality in Heidegger's Thought. In: American Philosophical Quarterly 12 (1975) 91–103.

R. Schmitt: Heidegger's analysis of ›tool‹. In: The Monist 49 (1965) 70–86.

B. Sitter: Zur Möglichkeit dezisionistischer Auslegung von Heideggers ersten Schriften. In: ZphF 24 (1970) 516–535.

M. M. Stavrides: The concept of existence in Kierkegaard and Heidegger. Phil. Diss. Columbia University, New York 1952.

G. Stern (Anders): On the pseudo-concreteness of Heidegger's philosophy. In: PhPhR 8 (1947/48) 337–371.

H. Vonessen: Die Angst und das menschliche Dasein. Dargestellt an den Interpretationen der Angst bei Soren Kierkegaard, Sigmund Freud und Martin Heidegger. Phil. Diss. Heidelberg 1960.

K. Wucherer-Hildenfeld: Zu M. Heideggers Analytik der Alltäglichkeit. In: Wissenschaft und Weltbild 7 (1954) 458–464.

Zu wichtigen Themenkomplexen:

Welt:

W. Biemel: s. AwBibl 9.

F. Couturier: s. AwBibl 21.

K. Neulichedl: Der Weltbegriff bei Martin Heidegger. Phil. Diss. Wien 1967.

J. C. Sallis: The concept of world: a study in the phenomenological ontology of Martin Heidegger. Phil. Diss. New Orleans 1964.

K. Sieben: Das Problem der Welt im Denken Martin Heideggers von »Sein und Zeit« bis zum Brief über den »Humanismus«. Phil. Diss. Mainz 1956.

J. Thyssen: A priori, Unbewußtes und Heideggers Weltbegriff. In: APh 3 (1949) 115–143.

Selbst-sein, Mit-sein, Man; Eigentlichkeit, Uneigentlichkeit:

C. C. *Gould:* Authenticity and being-with others: A critique of Heidegger's Sein und Zeit. Phil. Diss. Yale 1971.
A. *Kolleritsch:* Eigentlichkeit und Uneigentlichkeit in der Philosophie Martin Heideggers. Phil. Diss. Graz 1965.
G. *Lehmann:* Das Subjekt der Alltäglichkeit. Soziologisches in Heideggers Fundamentalontologie. In: Archiv f. angewandte Soz. 5 (1932/33) 15–39.
M. *Theunissen:* Der Andere. Studien zur Sozialontologie der Gegenwart 1965 [156–186 zu Heidegger].
B. J. *Toussaint:* The interpretation of the ›self‹ in the early Heidegger. Phil. Diss. Chicago 1971.
A. *Vogt:* Das Problem des Selbstseins bei Heidegger und Kierkegaard, 1936.
R. *Weber:* Individual and social being in Heidegger's Being and Time. Phil. Diss. Columbia University, New York 1966.

Erkennen, Verstehen, Hermeneutik:

K.-O. *Apel:* Dasein und Erkennen. Eine erkenntnistheoretische Interpretation der Philosophie Martin Heideggers. Phil. Diss. Bonn 1950.
K.-O. *Apel:* s. AwBibl 4.
H.-G. *Gadamer:* Vom Zirkel des Verstehens. In: AwBibl 133, S. 24–34.
C. F. *Gethmann;* s. AwBibl 35.
J. C. *Maraldo:* Der hermeneutische Zirkel. Untersuchungen zu Schleiermacher, Dilthey und Heidegger, 1974.

Wahrheit:

(Im folgenden wird Literatur zum gesamten Thema ›Heidegger und das Problem der Wahrheit‹ angeführt, also auch Arbeiten zum Wahrheitsbegriff des späten Heidegger.)

J. *Beaufret:* Heidegger et le problème de la vérité. In: Fontaine 63 (1947) 758–785.
W. *Biemel* u. A. *de Waelhens:* Heideggers Schrift »Vom Wesen der Wahrheit«. In: Symposion 3 (1952) 471–508.
W. *Bretschneider:* s. AwBibl 13.
M. *Farber:* Heidegger and the essence of truth. In: PhPhR 18 (1957/58) 523–532.
M. S. *Frings:* s. AwBibl 29.
C. F. *Gethmann:* Zu Heideggers Wahrheitsbegriff. In: Kantstudien 65 (1974) 186–200.
E. *Heitsch:* Die nicht-philosophische ἀλήθεια. In: Hermes 90 (1962) 24–33.
W. B. *Macomber:* The anatomy of disillusion. Martin Heidegger's notion of truth, Evanston (Illinois) 1967.
G. *Ralfs:* Kritische Bemerkungen zu Heideggers Lehre von der Wahrheit. In: Kantstudien 48 (1956/57) 525–549.
E. *Tugendhat:* s. AwBibl 122.

E. Tugendhat: Heideggers Idee von Wahrheit. In: HeidPersp 286–297.
A. de Waelhens: Phénomémologie et vérité. Essai sur l'évolution de l'idée de vérité chez Husserl et Heidegger, Paris 1953.
F. Wiplinger: s. AwBibl 130.

Tod:

S. S. Chandra: Das Phänomen des Todes im Denken Heideggers und in der Lehre Buddhas. Phil. Diss. Köln 1966.
J. M. Demske: s. AwBibl 24.
R. Jolivet: Le problème de la mort chez M. Heidegger et J.-P. Sartre, Abbaye S. Wandrille 1950.
K. Lehmann: Der Tod bei Heidegger und Jaspers. Ein Beitrag zur Frage: Existenzialphilosophie – Existenzphilosophie und protestantische Theologie, 1938.
A. Sternberger: s. AwBibl 115.
G. Vogl: Das Problem des Todes bei Heidegger (»Sein und Zeit«) und Augustinus. Phil. Diss. Wien 1966.
Th. Weiss: Angst vor dem Tode und Freiheit zum Tode in M. Heideggers »Sein und Zeit«, Innsbruck 1947.

Zeit, Zeitlichkeit, Geschichte, Geschichtlichkeit:

K. Acham: Zum Problem des Historismus bei Wilhelm Dilthey und Martin Heidegger. Phil. Diss. Graz 1964.
G. Bauer: ›Geschichtlichkeit‹. Wege und Irrwege eines Begriffs, 1963 [zu Heidegger 119 ff.].
H. Bürkle: Dialektisches Zeitverständnis und existenzialer Zeitbegriff. Eine Untersuchung über die Beziehung zwischen der frühen dialektischen Theologie Karl Barths und der Ontologie Martin Heideggers. Diss. der Evangl.-Theol. Fak. Hamburg 1957.
L. Giroux: Durée pure et temporalité: Bergson et Heidegger, Tournai 1971.
J. Grzesik: Die Geschichtlichkeit als Wesensverfassung des Menschen – Eine Untersuchung zur Anthropologie Wilhelm Diltheys und Martin Heideggers. Phil. Diss. Bonn 1960.
M. Landmann: Die fünf Begriffe der Geschichtlichkeit. In: M. L.: Der Mensch als Schöpfer und Geschöpf der Kultur. Geschichts- und Sozialanthropologie, 1961 [zu Heidegger 86 ff.].
Ch. H. Malik: The metaphysics of time in the philosophies of A. N. Whitehead and M. Heidegger. Diss. Harvard 1937.
W. Müller-Lauter: s. AwBibl 84.
O. *Pugliese:* s. AwBibl 95.
B. E. Rollin: Heidegger's philosophy of history in »Being and Time«. In: The Modern Schoolman 49 (1971/72) 97–112.
R. Schaeffler: Die Struktur der Geschichtszeit, 1963 [zu Heidegger bes. 295–353].
(Sekundärliteratur zum Thema ›Rede, Sprache‹ wird unter 4.3.5 verzeichnet.)

4.2.3 Zu den übrigen frühen Schriften

Die kleine Abhandlung »Vom Wesen des Grundes« verhält sich zu »Sein und Zeit« in etwa wie eine Novelle oder Kurzgeschichte zu einem Roman. Im Ausgang von einem klassischen philosophischen Problem werden die spezifischen existenzialontologischen Strukturen, wenn auch mit leichten Schwerpunktverschiebungen, erneut herausgearbeitet.

Ganz auf dem Standpunkt des in seiner Suche nach Eigentlichkeit allein auf sich selbst gestellten Subjekts steht auch der Vortrag »Phänomenologie und Theologie« mit seiner Betonung des »existenzielle[n] Gegensatz[es] zwischen Gläubigkeit und freier Selbstübernahme des ganzen Daseins« (32; vgl. dazu unten 6.11).

Ihren Höhepunkt erreicht die existenzielle Emphase des frühen Heidegger in der Freiburger Antrittsvorlesung »Was ist Metaphysik?« (An dieser Stelle interessiert nur der Text der Vorlesung von 1929; aus dem Nachwort zur 4. und der Einleitung zur 5. Auflage spricht nämlich bereits der Standpunkt der Heideggerschen Spätphilosophie.) Der Mensch im Spannungsfeld von Freiheit und Endlichkeit, dem sich in der Angst das Nichts enthüllt, dessen »Platzhalter« (WiM 38) er ist: dies ist, wenn irgend etwas, Existenzialismus in klassischer Ausprägung, obwohl man nicht übersehen darf, daß auch hier der Zusammenhang mit der Seinsfrage ständig gewahrt bleibt. Bemerkenswert ist an der Vorlesung ferner, daß hier ganz eindeutig anti-wissenschaftliche Motive hervortreten: »Die Philosophie kann nie am Maßstab der Idee der Wissenschaft gemessen werden.« (ebd. 41) Sie darf sich durch die »Einwände des Verstandes« (30) und durch die Logik nicht beirren lassen; denn: »Die Idee der ›Logik‹ selbst löst sich auf im Wirbel eines ursprünglicheren Fragens.« (37) Solche Feststellungen mußten, zusammen mit den Eigenheiten der Heideggerschen Sprachverwendung (z. B. »das Nichts nichtet«, 34 ff.), natürlich heftigen Widerspruch herausfordern. Berühmt geworden ist hier vor allem die Kritik von Rudolf *Carnap*, der seine programmatischen Thesen über die Sinnlosigkeit metaphysischer Fragestellungen durch Beispiele aus Heideggers »Was ist Metaphysik?« veranschaulichte (vgl. »Überwindung der Metaphysik durch logische Analyse der Sprache«. In: Erkenntnis 2 [1932] 219–241).

Größeres Gewicht als die genannten kleineren Arbeiten hat Heideggers Auseinandersetzung mit *Kant*. Die Grundzüge seiner Interpretation von Kants »Kritik der reinen Vernunft« trug Heidegger noch in Marburg in einer Vorlesung im WS

1927/28 vor; die Hauptthesen vertrat und verteidigte er dann bei den Davoser Hochschulkursen im Frühjahr 1929, um im Anschluß daran sein Buch »Kant und das Problem der Metaphysik« zu schreiben (das oft abkürzend Heideggers ›Kant-Buch‹ genannt wird).

Bereits in »Sein und Zeit« wird Kant als »der Erste und Einzige« genannt, »der sich eine Strecke untersuchenden Weges in der Richtung auf die Dimension der Temporalität bewegte« (SuZ 23), dem aber andererseits »dieses Gebiet in seinen eigentlichen Dimensionen und seiner zentralen ontologischen Funktion verschlossen bleiben mußte« (ebd.). Entsprechend sollte nach dem ursprünglichen Plan im 2. Teil von »Sein und Zeit« zunächst »Kants Lehre vom Schematismus und der Zeit als Vorstufe einer Problematik der Temporalität« (ebd. 40) interpretiert werden. Zwar erschien von »Sein und Zeit« der 2. Teil insgesamt nicht mehr; für den darin geplanten 1. Abschnitt ist aber das Kant-Buch ein gewisser Ersatz (vgl. auch das Vorwort zu dessen 1. Aufl.).

Heidegger wandte sich mit seiner Deutung der »Kritik der reinen Vernunft« gegen die Kant-Auffassung des Neukantianismus, der seit der Mitte des 19. Jh.s der Kantischen Philosophie mit großem Erfolg zu neuem Leben verhalf und mehrere Jahrzehnte lang das Panorama der deutschen Philosophie entscheidend mitbestimmte. Die Hauptvertreter der ›Marburger Schule‹, Hermann *Cohen* (1842–1918) und Paul *Natorp* (1854–1924) deuteten Kants theoretische Philosophie als Theorie der modernen Wissenschaften. Einschlägig ist hier besonders Cohens Buch »Kants Theorie der Erfahrung« (1871). Der ›Marburger Geist‹ war Heidegger während seiner Marburger Zeit natürlich unmittelbar präsent, für kurze Zeit sogar noch durch die Person Natorps selbst. (Ernst *Cassirer* [1874–1945], mit dem Heidegger sich in Davos auseinandersetzte, vertritt mehr oder weniger auch noch neukantianische Positionen, die er freilich um die Dimension des Symbolischen, insbes. der Sprache entscheidend erweitert.)

Heideggers Hauptthesen lauteten: Kants »Kritik der reinen Vernunft« ist nicht Erkenntnis- oder Wissenschaftstheorie, sondern: Grundlegung der Metaphysik (vgl. 1, 244). Kant sieht das Problem der Endlichkeit von Vernunft und Erkenntnis, der Endlichkeit des Menschen überhaupt (vgl. 4. Abschn., B, 212 ff., 244). Insbesondere erweist sich die transzendentale Einbildungskraft als Grund der Möglichkeit synthetischer Erkenntnis a priori. (Vgl. den ganzen 3. Abschn. sowie vorher, 85–109, die berühmte Deutung des Schematismus-Kapitels der »Kritik der reinen Vernunft«.) Auf diese Weise gerät jedoch der Primat der Vernunft, geraten die bisherigen Grundlagen der abendländischen Metaphysik in Gefahr (vgl. § 31). Vor diesem »Abgrund« mußte Kant »zurückweichen« (162) – was u. a. in den Revisionen der 2. Auflage der »Kritik der reinen Vernunft« (1787) gegenüber der 1. Auflage (1781) zum Ausdruck kam.

Heideggers Kant-Deutung hat nicht nur den Widerspruch zahlreicher Kant-Forscher provoziert, sondern ist später auch von Heidegger selbst als mehr oder weniger verfehlt bezeichnet worden (vgl. das Vorwort zur 2. Aufl.). Im Vorwort zur 4. Auflage spricht Heidegger von einer »Überdeutung Kants«, die er in späteren Schriften (gemeint sind »Die Frage nach dem Ding« und »Kants These über das Sein«) zurückzunehmen versucht habe (XIV) (vgl. dazu unten 6.4).

Literatur

Zu »Was ist Metaphysik?«:

H. Rickert: Die Logik des Prädikats und das Problem der Ontologie, 1930 [zu Heidegger 227–236].

H. Sachsse: Was ist Metaphysik? Überlegungen zur Freiburger Antrittsvorlesung von Martin Heidegger. In: ZphF 28 (1974) 67–93.

E. Tugendhat: »Das Sein und das Nichts«. In: Db 132–161.

Zu »Kant und das Problem der Metaphysik«:

E. Cassirer: Kant und das Problem der Metaphysik. In Kantstudien 36 (1931) 1–26.

M. Dufrenne: Heidegger et Kant. In: RevMM 54 (1949) 1–28.

E. Grisebach: Interpretation oder Destruktion? Zum kritischen Verständnis von Martin Heideggers »Kant und das Problem der Metaphysik«. In: DVLG 8 (1930) 199–232.

R. K. Gupta: Eine Schwierigkeit in Kants »Kritik der reinen Vernunft« und Heideggers Kant-Interpretation. In: ZphF 16 (1962) 429–450.

D. Henrich: Über die Einheit der Subjektivität. In: PhRd 3 (1955) 28–69.

G. Krüger: Über Kants Lehre von der Zeit. In: AwBibl 131, S. 178–211.

H. Levy: Heideggers Kant-Interpretation. In: Logos 21 (1932) 1–43.

O. *Marquard:* Skeptische Methode im Blick auf Kant, 1958 [zu Heideggers Kant-Deutung 35–40].

H. Mörchen: Die Einbildungskraft bei Kant, ²1970 [zuerst 1930].

C. O. *Schrag:* Heidegger and Cassirer on Kant. In: Kantstudien 58 (1967) 87–100.

U. Schultz: Das Problem des Schematismus bei Kant und Heidegger. Phil. Diss. München 1964.

A. de Waelhens: Introduction et commentaire zu: M. Heidegger, Kant et le problème de la métaphysique, Paris 1953.

(Weitere Literatur zum Thema ›Heidegger und Kant‹ s. u. unter 6.4.)

Die Beurteilung der Heideggerschen Frühphilosophie ist auch heute noch – bald ein halbes Jahrhundert nach dem Erscheinen von »Sein und Zeit« – so kontrovers wie nur irgend denkbar: Ist »Sein und Zeit« im Rang ein Buch wie Kants »Kritik der reinen Vernunft« oder Hegels »Phänomenologie des Geistes«? Und wenn: worin besteht dann Heideggers Leistung? In der konsequenten Wiederaufnahme der ontologischen Problematik? In der eigenständigen Weiterentwicklung der Phänomenologie? In den Ansätzen zu einer Theorie der Lebenswelt? In der Weiterführung Diltheyschen (und Yorckschen) Geschichtsdenkens? In der radikalen Bestandsaufnahme der ›condition humaine‹? Oder ist Heideggers Frühphilosophie eher ein weiteres Glied in der langen Kette philosophischer Subjektivismen und Irrationalismen? Ist »Sein und Zeit« ein Werk spezifisch deutscher Innerlichkeit? Oder aber ist Heideggers Frühphilosophie weder das eine noch das andere? Oder liegt die Wahrheit über sie irgendwo in der Mitte? Die konträren Deutungen haften an unterschiedlichen philosophischen Positionen; sie werden, wie diese selbst, wohl noch auf lange Sicht kontrovers bleiben.

4.3 Das seinsgeschichtliche Denken seit 1930

4.3.1 Überblick

Der in »Sein und Zeit« unternommene Versuch eines existenzialanalytischen Zugangs zur Seinsfrage erwies sich als letztlich nicht durchführbar. Etwa seit 1930 entwickelt sich daher in Heideggers Philosophie ein andersartiger Ansatz. Literarisch wird er allerdings erst gut zehn Jahre später greifbar, denn in dem Jahrzehnt bis 1940 hat Heidegger (ähnlich wie schon zwischen 1916 und 1927) nur sehr wenig veröffentlicht. Von den seit 1942 und dann besonders in den 50er und 60er Jahren publizierten Schriften reichen aber viele in ihrer Entstehung bis in die 30er Jahre, z. T. bis an deren Beginn, zurück. Überhaupt liegt bei dem größeren Teil der Heideggerschen Arbeiten seit 1930 zwischen dem Zeitpunkt der Entstehung und dem der Veröffentlichung eine mehr oder weniger große Zeitspanne, was natürlich innerhalb der Geschichte der Heidegger-Deutung zu einigen Verzerrungen geführt hat, da bestimmte Entwicklungen des Heideggerschen Denkens erst mit großer ›Verspätung‹ literarisch zugänglich wurden. Inzwischen hat die Forschung jedoch zeigen können, daß Heidegger die Position von »Sein und Zeit« keineswegs erst gegen Ende des Zweiten Weltkrieges verlassen hat (ein Eindruck, der aufgrund der gekennzeichneten Veröffentlichungssituation leicht entstehen konnte), sondern bereits um 1930. Dies wird besonders in dem Vortrag »Vom Wesen der Wahrheit« sichtbar, den auch die meisten Interpreten für die eigentliche Übergangsschrift halten. (Vgl. M. Müller: AwBibl 82, S. 278 f., F. W. von Herrmann: AwBibl 43, S. 8, W. J. Richardson: AwBibl 98, S. 211 ff., E. Tugendhat: AwBibl 122, S. 275–363 u. a.; D. Sinn konnte daher 1967 Einigkeit der Heidegger-Interpreten über die Datierung der ›Kehre‹ konstatieren, vgl. AwBibl 112, S. 83 f.)

Kaum weniger interessant für den Übergang vom frühen zum späteren Denkens Heideggers ist ein zweiter Vortrag »Platons Lehre von der Wahrheit«. Beide Vorträge wurden zwar erst 1942/43 veröffentlicht; sie entstanden aber bereits in den Jahren 1930/31 (worauf Heidegger selbst mehrfach hingewiesen hat; vgl. N I Vorwort, WM 397).

Im Vortrag »Vom Wesen der Wahrheit« wird die Wahrheitsproblematik gegenüber derjenigen von »Sein und Zeit« grundsätzlich verlagert. In »Sein und Zeit« galt: »Primär ›wahr‹, das heißt entdeckend ist das Dasein« (SuZ 220). Und: »Wahrheit ›gibt es‹ nur, sofern und solange Dasein ist.« (ebd. 226) Im Gegensatz zu diesem existenzialen Wahrheitsbegriff werden im Vortrag die Bezüge gewissermaßen umgekehrt: nicht mehr ist das Dasein der primäre Ort der Wahrheit, sondern es ist die als das Offene, Offenbare, als Entborgenheit zuvor schon waltende Wahrheit selbst, in die der Mensch ausgesetzt ist. Bedenkt man, daß es auch bei Heidegger so etwas wie die traditionelle Konvertibilität (Austauschbarkeit) von Sein und Wahrheit gibt, und hält man sich vor Augen, daß mit dem ›Offenen‹ zweifellos jener Bereich gemeint ist, den Heidegger sonst mit dem Namen des Seins belegt, so wird klar, daß sich der Schwerpunkt innerhalb der Seinsfrage eindeutig von der konstitutiven Funktion des Daseins zum schlechthinnigen Primat des Seins zu verschieben begonnen hat.

Ein zweiter wichtiger Aspekt der Heideggerschen Spätphilosophie tritt in dem anderen Vortrag über »Platons Lehre von der Wahrheit« hervor. In *Platons* Philosophie (genauer: im berühmten ›Höhlengleichnis‹ im 7. Buch der »Politeia«) verliert die Wahrheit – so Heidegger – den ihr bis dahin eigenen »Grundzug der Unverborgenheit« (41); sie gerät »unter das Joch der ἰδέα« (ebd.) und wird zur bloßen Richtigkeit. Damit ist jene Entwicklung in Gang gesetzt, in der das Denken über das Sein zur Philosophie, genauer: zur Metaphysik degeneriert (vgl. 48 f.) und der Mensch in den Mittelpunkt alles Seienden rückt. (In diesem negativen Sinne gebraucht Heidegger den Begriff ›Humanismus‹.) Die abendländische Geschichte, kristallisiert im Denken der großen Philosophen, ist eine einzige Geschichte des Verfalls. (Literatur zum Wahrheitsproblem s. o. unter 4.2.2; zu Heideggers Platon-Deutung s. u. 6.2.)

Die in den beiden Vorträgen in nuce enthaltene Konzeption wird von Heidegger in den folgenden Jahren konsequent entfaltet. Bereits 1935 liegt sie in einer Form vor, an der sich in der Folgezeit kaum noch etwas Grundsätzliches ändert, nämlich in der (erst 1953 publizierten) Vorlesung »Einführung in die Metaphysik«. (Man beachte: der *Titel* ›Metaphysik‹ wird in dieser Vorlesung noch nicht pejorativ gebraucht; er meint hier einfach soviel wie ›Lehre vom Sein‹. Die Sache jedoch, nämlich die spezifische Gestalt der abendländischen Philosophie seit Platon – die Heidegger dann später eben meist mit dem Wort ›Metaphysik‹ kennzeichnet – verfällt aber auch schon 1935 dem Verdikt.)

Während »Sein und Zeit« ein systematisches Werk war (wenn auch mit ausgiebigen historischen Passagen), formiert sich Heideggers Spätphilosophie vorrangig in der ständigen Auseinandersetzung mit der philosophischen Tradition. Im Vordergrund stehen dabei neben den großen Vertretern des Rationalismus, Kritizismus und Idealismus *(Leibniz, Kant, Schelling, Hegel)* besonders *Nietzsche*, dessen Philosophie den (vorläufigen) Höhepunkt bzw. Tiefpunkt des seinsgeschichtlichen Verfalls repräsentiert, und *Hölderlin*, in dessen Dichtung Heidegger eine mögliche Umkehr und Rückkehr zur Wahrheit des Seins antizipiert sieht. Kunst und Dichtung (die als philosophische Themen in »Sein und Zeit« nicht vorkamen) spielen seit den 30er Jahren eine zentrale Rolle in Heideggers Denken. Von großer Bedeutung ist schließlich noch die Aneignung vorsokratischer (besser: vorplatonischer) Lehren: *Anaximander, Parmenides* und *Heraklit* haben, in Heideggers Sicht, die fatale Schwelle zwischen dem Denken des Seins auf der einen und der Seinsvergessenheit auf der anderen Seite noch nicht überschritten.

Gegen Ende der 40er bzw. zu Beginn der 50er Jahre liegt die Heideggersche Spätphilosophie sozusagen in einem ersten ›Zwischenergebnis‹ vor: durch die Veröffentlichung der beiden Vorträge »Platons Lehre von der Wahrheit« und »Vom Wesen der Wahrheit« sowie der beiden Aufsatz- bzw. Vortragssammlungen »Erläuterungen zu Hölderlins Dichtung« und besonders »Holzwege« wird der philosophischen Öffentlichkeit endgültig klar, daß sich und wieweit sich Heidegger inzwischen von dem in »Sein und Zeit« eingenommenen Standort entfernt hat. Auch Heidegger selbst zieht in seiner (freilich umstrittenen) Selbstinterpretation – zuerst im Nachwort (1943), später auch in der Einleitung (1949) zu »Was ist Metaphysik?«, vor allem aber im Brief »Über den Humanismus« (1947) – ein erstes Fazit seiner philosophischen Entwicklung seit »Sein und Zeit«.

Im Mittelpunkt von Heideggers philosophischem Fragen während der 50er Jahre stehen – natürlich neben der Seinsfrage (vgl. vor allem »Was heißt Denken?«, »Zur Seinsfrage«, »Identität und Differenz«) – vor allem das Problem der Technik (vgl. »Die Technik und die Kehre«, »Der Satz vom Grund«), der Gegensatz von Metaphysik und Wissenschaft einerseits und Denken andererseits (vgl. »Was heißt Denken?«, »Vorträge und Aufsätze«) sowie die Frage nach der Sprache (vgl. »Unterwegs zur Sprache«).

In der Mitte der 60er Jahre schließlich kommt Heideggers Spätphilosophie im Grunde zum Abschluß: in dem Vortrag »Zeit und Sein« von 1962 (publiziert in SD) wird nochmals die Distanz zum Ansatz von »Sein und Zeit« deutlich; eine erneute Selbstdarstellung (im Brief an Richardson, vgl. Nr. 51) gibt Aufschluß über Heideggers Selbstverständnis; und der Vortrag »Das Ende der Philosophie und die Aufgabe des Denkens« (1966, veröffentlicht in SD) läßt sich schließlich verstehen als Summe und Quintessenz des seinsgeschichtlichen Denkens. Die folgenden Publikationen fügen – sofern sie nicht ohnehin früher Entstandenes enthalten – dem Bild der Heideggerschen Spätphilosophie kaum noch neue Züge hinzu.

Im folgenden werden einige Hinweise zu wichtigen Themenkomplexen dieser Spätphilosophie gegeben.

4.3.2 Das Sein und seine Geschichte

An einer berühmten Stelle des Briefes »Über den Humanismus« heißt es: »Doch das Sein – was ist das Sein? Es ist es selbst. Dies zu erfahren und zu sagen, muß das künftige Denken lernen.« (Hum 19) Solche tautologische Sprechweise hat natürlich zu Polemik Anlaß gegeben. Gelegentlich hat man Heideggers Denken als »negative Ontologie« bezeichnet (H. Kuhn: Heideggers Holzwege. In: APh 4 [1952] 253–269). Und in der Tat ist bis heute eine klare Feststellung über das, was Heidegger denn eigentlich mit dem ›Sein‹ meint, so gut wie unmöglich.

Insbesondere bleibt das Verhältnis zwischen Sein und Seiendem, also die vielberedete ›ontologische Differenz‹, mehrdeutig. Symptomatisch dafür ist die vieldiskutierte Stelle aus dem Nachwort zu »Was ist Metaphysik?«. In der ersten Fassung (4. Aufl. 1943, dort S. 26) besagte sie, »daß das Sein *wohl* west ohne das Seiende, daß niemals *aber* ein Seiendes ist ohne das Sein« (Hervorhebungen von mir, W. F.). In der 5. Aufl. nahm Heidegger eine gravierende Änderung vor; hier hieß es nun, »daß das Sein *nie* west ohne das Seiende, daß niemals ein Seiendes ist ohne das Sein« (46; Hervorhebung von mir, W. F.). Es gibt hierzu zwei klassische Interpretationen, die von M. *Müller* (AwBibl 82, S. 43 ff.) und die von W. *Schulz* (AwBibl 109, S. 118 f.), die beide, obgleich in verschiedener Weise, zeigen wollen, daß zwischen der ersten und der zweiten Formulierung nicht eigentlich ein Widerspruch besteht (vgl. auch J. B. Lotz: AwBibl 69, S. 191, K. Löwith: AwBibl 65, S. 40 ff., O. Pugliese: AwBibl 95, S. 29). Die Schwierigkeiten sind dadurch jedoch nicht behoben. Dasselbe gilt für zahlreiche andere Stellen. So bestimmt Heidegger einmal in der Wendung ›Sein des Seienden‹ den Genetiv als genetivus obiectivus (ID 59); an anderen Stellen greift er auf die alte Schreibweise »Seyn« zurück (bes. ED 7, 9, 17 und öfter), vermutlich um bestimmte eingefahrene Vorstellungen, die mit dem Begriff ›Sein‹ assoziiert sind, abzuwehren. Vielfach weist Heideggers Sein die Züge einer wirkenden Macht, gar eines Subjekts oder einer Person auf (vgl. bes. WiM-N, Hum, sowie das Stück Nr. VII in N II). Daß es sich beim Sein, wie gelegentlich vermutet wurde, um nichts anderes als um Gott handeln soll, hat Heidegger freilich selbst dementiert (vgl. Hum 19). Gleichwohl sind die Analogien zur Theologie und auch zu gewissen mythischen Positionen kaum zu leugnen (vgl. auch 6.11). Im Aufsatz »Zur Seinsfrage« schreibt Heidegger »~~Sein~~« (30) und erläutert, daß diese »kreuzweise Durchstreichung« in die Gegenden des »Gevierts« weisen soll, das er in den Vorträgen »Bauen Wohnen Denken« und »Das Ding« als die Einheit von Erde und Himmel, Göttlichen und Sterblichen bestimmt hatte (vgl. VA 149 ff., 170 ff., 176 ff.).

Auf der anderen Seite erscheint das Sein aber auch oft als ein ungegenständliches Gefüge oder Geschehen, z. B. als »Spiegel-Spiel« (VA 178 f.) oder »Zeit-Spiel-Raum« (USp 214, zusammen mit HW 283). Und schließlich wird dem Sein zuweilen noch etwas anderes gleichsam als höhere Instanz vorgeordnet: die Differenz bzw. der Austrag (in ID) oder das Ereignis (in »Zeit und Sein« in SD).

Soviel läßt sich aber doch wohl sagen: der Begriff des Seins steht beim späten Heidegger ›irgendwie‹ für jene Dimension, die der menschlichen Verfügung entzogen bleibt und die statt dessen ihrerseits über den Menschen verfügt. Denn was immer geschieht – es ist vom Sein geschickt und ereignet. Dem Menschen bleibt nur, die Weisungen des Seins zu empfangen und seinen Verfügungen zu entsprechen (vgl. bes. WiM-N). In diesem Sinne freilich ist das Sein auch auf den Menschen als auf seinen Hirten angewiesen (vgl. bes. Hum). Gleichwohl bleibt es als Geschick die oberste Instanz alles Geschehens; es ist gewissermaßen ein metageschichtliches Subjekt, ein Subjekt vor und über aller Geschichte.

Das Wesentliche dabei ist aber nun, daß das Sein sich seit langem entzogen und verborgen oder – wie Heidegger sich oft ausdrückt – mit seinem wahren Wesen an sich gehalten hat (vgl. insbes. SvG oder die Stücke VII, VIII, IX in N II). Das Sein ist ›epochal‹. (Heidegger gebraucht hier den ursprünglich stoischen, bereits von Husserl wiederaufgenommenen Begriff der ἐποχή [Zurückhaltung]). Diese Epochalität des Seins hängt mit dessen Zeitcharakter zusammen. Genaues läßt sich aber den Texten nicht entnehmen (vgl. etwa BaR, »Zeit und Sein« in SD). Jedenfalls ist seit den Griechen die Geschichte des Seins gerade eine Geschichte sich steigernder Seinsvergessenheit. Die gesamte onto-theologisch orientierte (vgl. bes. ID) abendländische Metaphysik ist letztlich nichts anderes als Nihilismus: in ihr ist es mit dem Sein nichts (vgl. bes. die Stücke V bis X in N II).

Da nun, Heidegger zufolge, »das Abendland und Europa [...] in ihrem innersten Geschichtsgang ursprünglich ›philosophisch‹« sind (WPh 7), läßt sich die Seinsgeschichte durch die Deutung philosophischer (z. T. auch dichterischer) Texte rekonstruieren. Dies hat Heidegger sich im größten Teil seiner Schriften zur Aufgabe gemacht. (Für einen ersten Überblick sind die Abhandlungen des zweiten Nietzsche-Bandes vielleicht am besten geeignet; knappe Aufzählungen der verschiedenen metaphysisch-seinsvergessenen Auslegungen des Seins – z. B. Anwesenheit, Wirklichkeit, Objektivität etc. – findet man z. B. N II 470 f., ID 64, SD 7.) Im groben Umriß stellt sich der Verlauf der Seinsgeschichte etwa so dar:

Vor der Schwelle zur Seinsvergessenheit stehen *Anaximander* sowie – freilich schon mit Einschränkungen – *Parmenides* und *Heraklit*. Die erste große Epoche der Seinsgeschichte wird dann repräsentiert durch die klassische griechische Philosophie:

Platon und *Aristoteles.* Es folgt eine lange Zeit ohne wesentliche seinsgeschichtliche Entscheidungen, denn bis zum Ende des Mittelalters bleibt die Philosophie – Heidegger zufolge – wesentlich durch die bei den Griechen angebahnte Entwicklung bestimmt (wobei freilich Vorgänge wie die Transposition der griechischen Philosophie in die römische die Entfernung vom Ursprung immer größer werden lassen). Die zweite bedeutsame Epoche beginnt dann mit *Descartes* und erreicht ihren Höhepunkt bei *Nietzsche.* Die gegenwärtige Wirklichkeit schließlich ist durch die planetarische Herrschaft der Technik bestimmt (s. u. 4.3.3). Von der Auseinandersetzung mit ihr hängt es ab, ob die Zukunft eine seinsgeschichtliche ›Kehre‹ von der Vergessenheit des Seins zu seiner ursprünglich-anfänglichen Wahrheit bringen wird. Heideggers eigenes Denken versteht sich als Vorbereitung einer solchen Umkehr und fühlt sich darin dem Dichten *Hölderlins* verwandt. Einschlägige Deutungen der wichtigsten seinsgeschichtlichen Stationen:

Anaximander	HW 296 ff.
Parmenides	VA 231 ff., WhD 105 ff., EiM 126 ff.
Heraklit	VA 207 ff., 257 ff., »Heraklit« (Nr. 60)
Platon	PLW
Aristoteles	WM 309 ff. (Neuabdruck von Nr. 38)
Descartes	N II 141 ff.
Leibniz	N II 436 ff., SvG
Kant	»Die Frage nach dem Ding«, »Kants These über das Sein«
Schelling	»Schellings Abhandlung über das Wesen der menschlichen Freiheit (1809)«
Hegel	HW 105 ff., ID 37 ff., WM 255 ff.
Nietzsche	N I, N II, HW 193 ff., VA 101 ff.

(Detailliertere Auskunft darüber, wo Heidegger wen und was interpretiert, geben das Namenregister für die nach »Sein und Zeit« veröffentlichten Werke und die Register ›Epochen abendländischen Denkens‹ sowie ›Strömungen in der Philosophie, Schulen und Richtungen‹ in der 2. Aufl. von H. Feicks »Index zu Heideggers ›Sein und Zeit‹«. Ausführliche rekonstruierende Darstellungen des zeitlichen Ablaufs der Seinsgeschichte, so wie Heidegger sie sieht, geben W. J. Richardson: AwBibl 97, Teil III A und O. Laffoucrière: AwBibl 59.)

Literatur

Sämtliche Titel, auf die bei den Literaturangaben zu 4.2.1 hingewiesen wurde, sind auch für diesen Abschnitt relevant. Ferner seien noch genannt:

W. Bretschneider: s. AwBibl 13.
J. N. Deely: s. AwBibl 22.
A. Dondeyne: La différence ontologique chez Martin Heidegger. In: Revue philosophique de Louvain 56 (1958) 35–62, 251–293.
E. Fink: Philosophie als Überwindung der Naivität (Bruchstücke einer Vorlesung zum Begriff der ›ontologischen Differenz‹ bei Heidegger). In: Lexis 1 (1948) 107–127.
L. Gabriel: Sein und Geschichte. Martin Heideggers geschichtsontologischer Denkversuch. In: Wissenschaft und Weltbild 9 (1956) 25–32.
K. Gründer: s. AwBibl 38.
J. Habermas: Theorie und Praxis. Sozialphilosophische Studien, 3. Aufl. 1969 [innerhalb des Abschnitts ›Die typischen Antworten auf die Frage nach dem Sinn der Geschichte ...‹ auch zu Heidegger: 308 f.].
J. Lohmann: s. AwBibl 68.
W. Marx: s. AwBibl 75.
R. Mayorga: Sein und Geschichte. Zur Kritik der negativen Ontologie und Geschichtsphilosophie Martin Heideggers. Phil. Diss. Berlin 1971.
L. Oeing-Hanhoff: Le problème de l'être à l'ère atomique. A propos d'un récent ouvrage de M. Heidegger: Du principe de raison. In: Archives de Philosophie 21 (1958) 5–25.
R. Pflaumer: s. AwBibl 89.
O. *Pöggeler:* Sein als Ereignis. In: ZphF 13 (1959) 597–632.
O. *Pugliese:* s. AwBibl 95.
H. Schlawin: Heideggers Überwindung der Metaphysik. In: ZphF 8 (1954) 585–595.
D. Sinn: s. AwBibl 112.
F. Vonessen: Das einzigartige Sein. Zur Frage der Seinsparadoxien bei Martin Heidegger. Phil. Diss. Freiburg 1952.
A. de Waelhens: Chemins et impasses de l'ontologie heideggerienne. A propos des Holzwege, Louvain, Paris 1953.
J. Wahl: Sur l'interprétation de l'histoire de la métaphysique d'après Heidegger, Paris 1951.
B. Welte: Remarques sur l'ontologie de Heidegger. In: Revue des sciences philosophiques et théologiques 31 (1947) 379–393.
(Weitere Literaturangaben s. o. unter 4.2.2 zum Wahrheitsproblem und unter 6.2 bis 6.7 zu Heideggers Deutungen einzelner Philosophen.)

4.3.3 Technik

Zu den Bestandteilen der Heideggerschen Spätphilosophie, die am meisten Aufsehen erregt haben, gehört sicherlich seine Theorie der Technik. Sie entwickelt sich – nach vereinzelten Hinweisen in den bis ca. 1935 entstandenen Schriften (vgl. z. B. WW 18, EiM 28 f.) – seit den späten 30er Jahren. Die zwischen 1936 und 1946 (wohl vor allem unter dem Eindruck des Zweiten Weltkriegs) entstandenen Aufzeichnungen zur »Überwindung der Metaphysik« (in VA) lesen sich über weite Passagen wie ein apokalyptischer Katastrophenbericht über die Verheerungen der Technik. Heideggers spätere Auseinandersetzung mit diesem Problem (etwa seit dem Ende der 40er Jahre) ist zwar durch mehr Gelassenheit, aber keineswegs durch weniger Grundsätzlichkeit gekennzeichnet; einschlägig sind hier vor allem die zwischen 1949 und 1955 in Bremen, München und auf Bühlerhöhe gehaltenen Vorträge, von denen zwei unter dem Titel »Die Technik und die Kehre« veröffentlicht wurden, sowie die Vorlesung »Der Satz vom Grund« vom Wintersemester 1955/56.

Zwar hat Heidegger mehrfach betont, daß er nicht gegen die Technik sei (z. B. im ZDF-Interview mit Wisser, vgl. Nr. 59, S. 73). Der größte Teil der relevanten Texte steht jedoch zu dieser Behauptung im Widerspruch. Der pejorative Gehalt vieler Vokabeln, mit denen Heidegger die Technik charakterisiert (z. B. ›trostlose Raserei‹, ›Machenschaft‹, ›Vernutzung des Seienden‹, ›Bodenlosigkeit‹, ›Uniformierung‹ usw. usf.; vgl. als vielleicht eindrucksvollsten Beleg – neben den Aufzeichnungen zur »Überwindung der Metaphysik« – die Passage HW 270–273), zeigt, daß sich seine Philosophie durchaus dem Typus jener Theorien zurechnen läßt, in denen die Technik mehr oder weniger als Inbegriff des Unheils (vgl. »heil-los« HW 272) beschrieben wird. (Ein repräsentativer Vertreter dieses Typs ist etwa Friedrich Georg *Jünger,* dessen bereits 1939 entstandene, aber erst 1946 veröffentlichte Abhandlung »Perfektion der Technik« bis in die Diktion hinein Ähnlichkeiten mit Heideggerschen Texten aufweist.)

Allerdings ist für Heidegger die Technik »keine nur menschliche Machenschaft« (WhD 155), sondern primär ein seinsgeschichtliches Phänomen, nämlich »die vollendete Metaphysik« (VA 80). In der Vollendung liegt aber zugleich die Möglichkeit der Überwindung, d. h. der Beendigung der langen Seinsvergessenheit und der neuen Einkehr in die alte Wahrheit des Seins. In diesem Sinne ist der Mensch durch die Technik herausgefordert (ZDF-Interview, Nr. 59, S. 73). Das mehrfach (z. B. TK 35, 41) bemühte Hölderlin-Wort »Wo aber Gefahr ist, wächst das Rettende auch« könnte seine Gültigkeit – so Heideggers Hoffnung – gerade im Fall der Technik bewähren; diese könnte zum Vorspiel der Kehre werden (vgl. insgesamt TK).

Das Auffallendste an Heideggers Technik-Theorie ist die Konsequenz, mit der jene Entwicklung verurteilt wird, in der sich der Mensch zum Herrscher über die Natur gemacht hat (bzw. gemacht zu haben glaubt). Hat Heidegger mit seiner Kritik recht? Zeigt sich nicht gerade jetzt – Stichworte ›Umweltverschmutzung‹, ›Grenzen des Wachstums‹ usw. usf. – das Unheilvolle der hemmungslosen Technisierung? Ist Heideggers Technik-Theorie auf der anderen Seite aber nicht sehr einseitig, indem sie z. B. die ›positiven‹, etwa emanzipatorischen Wirkungen der Technik unterschlägt? Sind die Heideggerschen Alternativen – außer Dichten und Denken ja auch die durch Feldweg (vgl. »Der Feldweg«), Bergbach (vgl. ED) und Glockenturm (vgl. »Vom Geheimnis des Glockenturms« in Nr. 57) repräsentierte ›heile Welt‹ – tragfähig genug? Von Interesse ist auch die Frage, ob und wieweit Heideggers Technik-Theorie sich im Befund mit anderen Theorien deckt – z. B. auch mit denen der ›Frankfurter Schule‹ (vgl. Th. W. *Adorno* und M. *Horkheimer:* Dialektik der Aufklärung. 1948; M. *Horkheimer:* Kritik der instrumentellen Vernunft, 1947) – bzw. ob und wieweit solche Theorien sogar stark von Heidegger beeinflußt sind, z. B. H. *Marcuses* Untersuchung »Der eindimensionale Mensch« (1964).

Literatur

R. Ahlers: Technologie und Wissenschaft bei Heidegger und Marcuse. In: ZphF 25 (1971) 575–589.

H. Alderman: Heidegger: technology as phenomenon. In: The Personalist 51 (1970) 535–545.

F. Dessauer: Streit um die Technik, 1956 [zu Heidegger 348–368].

W. F. Hood: A Heideggerian approach to the problem of technology. Diss. Pensylvania 1968.

W. Kamlah: Martin Heidegger und die Technik. Ein offener Brief. In: Dt. Univ.-ztg. 9 (1954), H. 11, S. 10–13.

W. Koenne: Das Phänomen der Technik bei Dessauer, Jaspers und Heidegger. Ein Beitrag zum gegenwärtigen Verständnis der Technik. Phil. Diss. Wien 1965.

M. Loreau: Heidegger et la technique moderne. In: Morale et Enseignement 14 (1965) 3–4, 42–53.

R. Maurer: Der angewandte Heidegger. Herbert Marcuse und das akademische Proletariat. In: PhJb 77 (1970) 238–259.

H. Sachsse: Die Technik in der Sicht Herbert Marcuses und Martin Heideggers. In: Proceedings of the XVth World Congress of Philosophy I, Sofia 1973, 371–375.

R. Schaeffler: Martin Heidegger und die Frage nach der Technik. In: ZphF 9 (1955) 116–127.

W. Schirmacher: Heideggers Radikalkritik der Technik als gesellschaftlicher Handlungsentwurf. In: Proceedings of the XVth World Congress of Philosophy I, Sofia 1973, 383–387.

4.3.4 Denken contra Wissenschaft

Der Begriff des Denkens – in »Sein und Zeit« nahezu ohne jede Bedeutung – spielt etwa seit der Mitte der 30er Jahre in Heideggers Philosophie eine zentrale Rolle. In der 1935 gehaltenen Vorlesung »Einführung in die Metaphysik« ist das mit Abstand umfangreichste Kapitel (IV, 3) dem Verhältnis von ›Sein und Denken‹ gewidmet. Einschlägig für diese Thematik sind unter Heideggers Schriften dann das Nachwort zu »Was ist Metaphysik?«, die kleine Schrift »Aus der Erfahrung des Denkens«, einige Stücke aus den »Vorträgen und Aufsätzen«, insbesondere aber die Vorlesung »Was heißt Denken?« von 1951/52 und schließlich der 1964 gehaltene Vortrag »Das Ende der Philosophie und die Aufgabe des Denkens« (in SD).

Heidegger hat es verstanden, seine Überlegungen in pointierten Sätzen zusammenzufassen; einer von ihnen lautet: »Das Bedenklichste in unserer bedenklichen Zeit ist, daß wir noch nicht denken.« (WhD 3) Insbesondere steht es für Heidegger fest, »daß die Wissenschaft nicht denkt« (VA 133). Wie beim Sein selbst so gibt es nämlich auch beim Denken einen Verfallsprozeß, der noch bei den Griechen, nämlich bald nach Parmenides und Heraklit, begann. Das Denken degenerierte zum bloßen Vorstellen und Aussagen, wurde zur Domäne von Logik und Wissenschaft und schließlich, in der Form der Technik, zum bloßen Instrument im Dienste der Berechnung und Beherrschung des Seienden. Diese Mißdeutung und diesen Mißbrauch des Denkens gilt es »durch ein echtes und ursprüngliches Denken zu überwinden« (EiM 93), welches sich von der herkömmlichen Logik, von der Wissenschaft, von der Metaphysik und letztlich auch von der Philosophie selbst absetzen muß, um statt dessen die Wahrheit des Seins wesentlich zu denken. Ein solches Denken ist aber wiederum nicht nur eine Sache des Menschen, sondern vom Sein selbst geschickt; es ist die gehorsame Antwort auf den Ruf des Seins (vgl. bes. WiM-N).

Negativ hat Heidegger das, was er unter ›Denken‹ versteht, zwar ziemlich eindeutig abgegrenzt; der positive Inhalt dieses Begriffs bleibt jedoch relativ unbestimmt, was auch durch etymologisch-sprachliche Assoziationen (z. B. mit ›Dank‹, ›Gedächtnis‹, ›Andacht‹, vgl. WhD 92) kaum wettgemacht wird.

Von grundsätzlicher Bedeutung ist allerdings Heideggers Betonung der Nachbarschaft zwischen Denken und Dichten, die aber andererseits unterschieden bleiben müssen (s. u. 4.3.6).

Daß Heidegger sich selbst als jemanden versteht, der den geforderten »Schritt zurück aus der Philosophie in das Denken des Seyns« (ED 19) vollzieht, um so die Kehre von der Seinsvergessenheit zur Wahrheit des Seins mitvorzubereiten – daran ist kein Zweifel möglich. Zu fragen ist allerdings, ob Heidegger mit seinem Plädoyer für das vernehmende Hören aufs Unverfügbare nicht doch über das sicherlich legitime Ziel des Protestes gegen die Verabsolutierung von Wissenschaft und Technik hinausschießt und so alle Ansprüche auf Rationalität preisgibt.

Literatur

H. G. Aldermann: Heidegger's critique of science. In: The Personalist 50 (1969) 549–558.

J. M. Anderson: On Heidegger's Gelassenheit – a study in the nature of thought. In: JEx 5 (1964/65) 339–351.

R. Boehm: Pensée et technique. Notes préliminaires pour une question touchant la problématique heideggerienne. In: RIPh 14 (1960) 194–220.

K. Gründer: s. AwBibl 38.

H. Kuschbert-Tölle: Das Verhältnis von Denken und Sein bei Heidegger. Phil. Diss. Tübingen 1961.

H. Ott: s. AwBibl 87.

O. *Pöggeler:* s. AwBibl 91.

W. J. Richardson: s. AwBibl 97 und 98.

W. J. Richardson: Heidegger's critique of science. In: The New Scholasticism 42 (1968) 511–536.

J. Sallis (Hrsg.): s. AwBibl 103.

R. Wisser: Humanismus und Wissenschaft in der Sicht Martin Heideggers. In: Integritas. Geistliche Wandlung und menschliche Wirklichkeit, hrsg. von D. Stolte u. R. Wisser, 1966, 141–159.

4.3.5 Sprache

Während in »Sein und Zeit« der Sprache – genauer: der Rede als der »Artikulation der Verständlichkeit« (SuZ 161) – nur eine untergeordnete Bedeutung zukam (vgl. insgesamt § 34), wird sie für Heideggers Spätphilosophie zu einem zentralen Phänomen. In den meisten der seit Mitte der 30er Jahre entstandenen Schriften gibt es mehr oder weniger zahlreiche Einzelhinweise zum Thema ›Sprache‹, besonders im Brief »Über den Humanismus« (vgl. Hum 5, 9 f., 21 f., 45 f.). Ausführliche, zusammenhängende Überlegungen finden sich erstmals in der 1936 gehaltenen Rede »Hölderlin und das Wesen der Dichtung« (neu abgedruckt in EHD), vor allem aber in den in den 50er Jahren entstandenen Aufsätzen und Vorträgen des 1959 erschienenen Buches »Unterwegs zur Sprache«, ferner auch noch in den 1964 niedergeschriebenen und zusammen mit dem Vortrag »Phänomenologie und Theologie« veröffentlichten Überlegungen »Einige Hinweise auf Hauptgesichtspunkte für das theologische Gespräch über ›Das Problem eines nichtobjektivierenden Denkens und Sprechens in der heutigen Theologie‹« (vgl. bes. 40 ff.).

In pointierter Zusammenfassung könnte man sagen, daß für den (späten) Heidegger die Sprache nicht weniger ist als das Organ des Seins selbst und seiner Wahrheit. Dies ist mit dem von Heidegger häufig gebrauchten Wort von der Sprache als dem »Haus des Seins« gemeint (z. B. HW 286, Hum 5, 21 f., 43, 45, USp 267). Freilich gibt es in Heideggers Sicht, analog zur Seinsvergessenheit, auch eine seit langem währende Sprachvergessenheit, die bereits bei den Griechen – nämlich spätestens nach Heraklit (vgl. VA 288 f.) – einsetzte. Die Sprache geriet – sowohl in ihrem Gebrauch als auch im Denken *über* sie – mehr und mehr unter die Herrschaft von Metaphysik und Subjektivität (vgl. ID 72, Hum 9) und degenerierte schließlich zum bloßen Instrument. Solche »metaphysisch-animalische Auslegung der Sprache« »verdeckt« aber gerade »deren seinsgeschichtliches Wesen« (Hum 21). Nötig ist daher ein »gewandeltes Verhältnis zum Wesen der Sprache« (SF 25). In diesem Sinne wendet sich Heidegger gegen die verschiedenen Zweige der modernen Sprachwissenschaft – allerdings meist nur in Andeutungen und ohne Namen zu nennen (vgl. z. B. Hum 16, VA 245). Darüber hinaus ist er der Meinung, daß »die Besinnung auf das Wesen der Sprache« »nicht mehr bloße Sprachphilosophie« sein kann (Hum 9). Denn: »Die Sprache spricht, nicht der Mensch. Der Mensch spricht nur, indem er geschicklich der Sprache entspricht.« (SvG 161) Weder ist der Mensch »Bildner und Meister der Sprache« (VA 190), noch hat er überhaupt »die Sprache in seinem Besitz« (Nr. 58, S. 43); vielmehr »ist es die Sprache, die den Menschen ›hat‹« (ebd.) und die ihrerseits »die Herrin des Menschen« ist (VA 190). Freilich – über die mehrfache Versicherung hinaus, die Sprache sei »lichtend-verbergende Ankunft des Seins selbst« (Hum 16), finden sich bei Heidegger wenig konkrete Aussagen über das Wesen – geschweige denn über Strukturen, Funktionen, Formen etc. – der Sprache. Daran ändern auch die Rückgriffe auf Hölderlin, Rilke und Trakl oder die quasi-sprachschöpferische Ersetzung des Wortes ›Sprache‹ durch ›Sage‹ (USp 145) – und dessen weitere Erläuterung durch ›Zeige‹ (ebd. 254) – nicht viel. Im Grunde endet die Auskunft über die Sprache, ähnlich wie die übers Sein, tautologisch: »Die Sprache ist überhaupt nicht das und jenes, nämlich noch etwas anderes als sie selbst. Die Sprache ist Sprache.« (WhD 99)

Heidegger hat mit seiner Spätphilosophie sicherlich großen Anteil an jener Entwicklung, durch die in der Zeit nach dem Zweiten Weltkrieg das Problem der Sprache mehr und mehr in den Mittelpunkt des philosophischen Interesses rückte. Aber die Einseitigkeiten – etwa in der Einschätzung der Wissenschaft –, die das gesamte Heideggersche Spätdenken kennzeichnen, machen auch seine Sprachphilosophie problematisch. Dennoch kann man ihr – wie übrigens auch schärfste Kritiker zugeben – eine gewisse legitime Funktion, wenn nicht als Alternative, so doch zumindest als Korrektiv zur überzogenen Funktionalisierung und Instrumentalisierung der Sprache in Theorie und Praxis nicht absprechen. In dieser Richtung hat sie besonders in der neueren Hermeneutik-Diskussion gewirkt. (Vgl. i. e. L. die Arbeiten von H.-G. *Gadamer* [AwBibl 31 und 32] und K.-O. *Apel* [s. u.].)

Literatur

(Angeführt werden auch Arbeiten zum Thema ›Sprache‹ beim frühen Heidegger.)

A. W. H. Adkins: Heidegger and language. In: Philosophy 37 (1962) 229–237.

W. Anz: Die Stellung der Sprache bei Heidegger. In: HeidPersp 305–320.

K.-O. Apel: s. AwBibl 4.

K.-O. Apel: Sprache und Wahrheit in der gegenwärtigen Situation der Philosophie. In: PhRd 7 (1959) 161–184.

K.-O. Apel: Die beiden Phasen der Phänomenologie in ihrer Auswirkung auf das philosophische Vorverständnis von Sprache und Dichtung in der Gegenwart. In: Jb. f. Ästhetik und allg. Kunstwiss. 3 (1955–57) 54–76.

I. Bock: Heideggers Sprachdenken, 1966.

A. Borgmann: Language in Heidegger's philosophy. In: JEx 7 (1966/67) 161–180.

W. Bröcker: Heideggers Hören auf das Sprechen der Sprache, 1972.

L. Fontaine–De Visscher: La pensée du langage chez Heidegger. In: Revue philosophique de Louvain 64 (1966) 224–262.

H. Jäger: Heidegger und die Sprache, 1971.

J. J. Kockelmans (Hrsg.): On Heidegger and language, Evanston 1972.

K. Lorenz u. *J. Mittelstrass:* Die Hintergehbarkeit der Sprache. In: Kantstudien 58 (1967) 187–208.

D. Mraz: Sprache und Sein bei Martin Heidegger. Phil. Diss. Wien 1968.

W. J. Richardson: Heidegger and the origin of language. In: International Philosophical Quarterly 2 (1962) 404–416.

J. Schwarz: Der Philosoph als Etymologe. Ein Beitrag zum Verhältnis von Philosophie und Sprache. In: Philos. Studien 1 (1949) 47–61 [zu Heidegger bes. 58 ff.].

H. Schweppenhäuser: Studien über die Heideggersche Sprachtheorie. In: APh 7 (1957) 279–324, 8 (1958) 116–144.

G. F. Sefler: Language and the World. A methodological Synthesis within the Writings of Martin Heidegger and Ludwig Wittgenstein, Atlantic Highlands 1974.

J. Simon: Sprache und Raum. Philosophische Untersuchungen zum Verhältnis zwischen Wahrheit und Bestimmtheit von Sätzen, 1969 [zu Heidegger 199–227].

M. Stassen: Heideggers Philosophie der Sprache in »Sein und Zeit« und ihre philosophisch-theologischen Wurzeln, 1973.

K. H. Volkmann-Schluck: Das Problem der Sprache. In: AwBibl 136, S. 50–61.

(Vgl. auch die Hinweise in 6.9.)

4.3.6 Dichtung und Kunst

In der Mitte der 30er Jahre wird bei Heidegger eine gewisse Wende zur Kunst (im weiteren Sinne) und zur Ästhetik sichtbar, zunächst in der berühmten Abhandlung »Der Ursprung des Kunstwerks« (in HW) sowie im Vortrag »Hölderlin und das Wesen der Dichtung« (in EHD). Zwar exemplifizierte Heidegger seine Vorstellungen erstmals an einem Werk der bildenden Kunst – nämlich an van Goghs Gemälde ›Die Holzschuhe‹ (vgl. HW 22 ff.); die ursprüngliche und repräsentative Form der Kunst überhaupt ist jedoch für ihn die Dichtung: »Alle Kunst ist [...] im Wesen Dichtung.« (ebd. 59) Daher »müssen Baukunst, Bildkunst, Tonkunst auf die Poesie zurückgeführt werden«. (ebd. 60) Auf die bildende Kunst ist Heidegger denn auch praktisch nur noch – und auch das unter einem ganz speziellen Aspekt – in der kleinen Schrift »Die Kunst und der Raum« eingegangen. Die Musik blieb so gut wie ganz außer Betracht; vgl. jedoch die verehrungsvollen Worte zu Mozarts 200. Geburtstag zu Beginn der 9. Stunde einer Vorlesung im Wintersemester 1955/56, SvG 117 f.

Neben den zahlreichen philosophiegeschichtlichen Deutungen gibt es beim späten Heidegger auch eine Reihe von Interpretationen literarischer Texte:

Hölderlin	EHD; »›. . . dichterisch wohnet der Mensch . . .‹« in VA 187 ff.
Rilke	»Wozu Dichter?« in HW 248 ff.
Trakl	»Die Sprache«, »Die Sprache im Gedicht« in USp 9 ff., 35 ff.
George	»Das Wesen der Sprache«, »Das Wort« in USp 157 ff., 217 ff.
Hebel	»Hebel – Der Hausfreund«.

Sporadisch hat Heidegger auch von Textstellen, Versen, Reflexionen zahlreicher anderer Dichter zitierend-interpretierend zur Veranschaulichung oder Exemplifizierung eigener Gedanken Gebrauch gemacht, so etwa von Homer, Pindar, Sophokles, Angelus Silesius, Goethe, Schiller, Novalis, Mörike, Benn (nähere Hinweise im Namenregister für die nach »Sein und Zeit« veröffentlichten Werke in der 2. Auflage von H. Feicks »Index zu Heideggers ›Sein und Zeit‹«). Heideggers Interpretationen sind zwar ohne Zweifel als originelle Beiträge zur Erschließung bestimmter literarischer Texte zu werten; aber gemessen an den Standards literaturwissenschaftlich-philologischen Arbeitens, waren sie von Anfang an höchst umstritten und sind es bis heute (dazu unten 6.12).

Von größerem Interesse ist hier Heideggers *Theorie* der Kunst, genauer: seine (übrigens meist von den Interpretationen, zumal denen Hölderlinscher Gedichte, ihren Ausgang nehmenden) Überlegungen zum Wesen und zur Aufgabe der Dichtung. Heidegger greift vor allem die überkommene Ästhetik und Poetik an, die, befangen im »metaphysisch-ästhetischen Vorstellen« (USp 38), die Dichtung zum Gegenstand der Literaturwissenschaft macht (vgl. VA 187 f.), sie von der Einbildungskraft her und als Leistung des Subjekts (HW 60, 63) oder als Kulturerscheinung bzw. bloßes Mittel zur Unterhaltung (EHD 39 f.) versteht. Demgegenüber meint Heidegger: »Abendländische Dichtung und europäische Literatur sind zwei abgründig verschiedene Wesensmächte unserer Geschichte.« (WhD 155) Das Wesen der Dichtung besteht nämlich in ihrem besonderen Bezug zu Sein und Wahrheit: Dichten ist nichts anderes als das »entwerfende Sagen« »der Unverborgenheit des Seienden« (HW 61); es ist »Stiftung der Wahrheit« im dreifachen Sinne von Schenken, Gründen und Anfangen (ebd. 62).

Ganz auffällig ist die Nähe zum Sakralen, in die Heidegger die Dichtung rückt; diese ist nämlich »das stiftende Nennen der Götter und des Wesens aller Dinge« (EHD 39) – und dies insbesondere »in dürftiger Zeit« (im Anschluß an Hölderlins »Brot und Wein«), d. h. in einer Zeit des »gedoppelten Mangels«, nämlich »im Nichtmehr der entflohenen Götter und im Nochnicht des Kommenden« (ebd. 44). Das Verhältnis zwischen Dichten und Denken – und zugleich der Unterschied zwischen beiden – ist schließlich in dem vielzitierten Satz festgehalten: »Der Denker sagt das Sein. Der Dichter nennt das Heilige.« (WiM-N 51)

Von Heideggers Versuch, das sprachliche Kunstwerk aus der ästhetischen Isolierung herauszubrechen und es vor den Gefahren des literarischen und literaturwissenschaftlichen Betriebs zu bewahren, sind sicherlich bemerkenswerte Impulse ausgegangen. Aber auch hier gibt es ein ›andererseits‹, gibt es kritische Fragen. Sind Dichtung und Kunst mit dem, was Heidegger ihnen als Aufgabe zuweist, in ihren Möglichkeiten nicht überfordert? Ist das fast völlige Fehlen spezifisch ästhetischer Perspektiven nicht doch ein entscheidender Mangel der Heideggerschen Dichtungstheorie? Auch die ausschließliche Festlegung der Dichtung auf rein bewahrende Funktionen (vgl. HW 62) muß problematisch erscheinen, desgleichen der allzu enge Kanon der maßgeblichen – weil aufs Sein hörenden – Dichter.

Literatur

S. L. Bartky: Heidegger's philosophy of art. In: British Journal of Aesthetics 9 (1969) 353–371.

W. Biemel: Dichtung und Sprache bei Heidegger. In: MaW 2 (1969) 487–514.

W. H. Bossart: Heidegger's theory of art. In: Journal of Aesthetics and Art Criticism 27 (1968/69) 139–162.

H.-G. Gadamer: Zur Einführung [in Martin Heidegger: Der Ursprung des Kunstwerks]. In: Martin Heidegger Nr. 44, S. 102–124.

W. Gruber: Vom Wesen des Kunstwerks nach Martin Heidegger. Eine Untersuchung über die Möglichkeit und Notwendigkeit der Kunst, Graz 1956.

R. L. Hall: Heidegger and the space of art. In: JEx 8 (1967/68) 91–108.

K. Harries: Das befreite Nichts. In: Db 39–62.

I. Heidemann: s. AwBibl 42.

E. F. Hirsch: Heidegger und die Dichtung. In: JHPh 6 (1968) 271–283.

H. Jaeger: Heidegger and the work of art. In: Journal of Aesthetics and Art Criticism 17 (1958/59) 58–71.
S. K. Levine: Art and being in the philosophy of Martin Heidegger. An interpretation and critique of »Der Ursprung des Kunstwerks«. Diss. New York 1968.
W. Perpeet: Heideggers Kunstlehre. In: HeidPersp 217–241.
F. Rifka: Studien zur Ästhetik Martin Heideggers und Oskar Bekkers. Phil. Diss. Tübingen 1965.
J. Sadzik: Esthétique de Martin Heidegger, Paris 1963.
(Vgl. auch die Literaturangaben in 6.12.)

4.4 Selbstinterpretation und Kehre

Der späte Heidegger hat mehrfach sein eigenes Denken und dessen Entwicklung interpretiert, sporadisch zunächst seit der Mitte der 30er Jahre, ausgiebig dann in den 40er Jahren, und zwar besonders im Brief »Über den Humanismus« sowie im Nachwort und in der Einleitung zu »Was ist Metaphysik?«, schließlich nochmals – zu Beginn der 60er Jahre – im Brief an W. J. Richardson (Nr. 51). Einer der in diesem Zusammenhang wichtigsten – und in der Heidegger-Literatur am meisten beredeten – Begriffe ist der der ›Kehre‹. Er wird von Heidegger in zweifachem Sinne gebraucht, nämlich erstens zur Bezeichnung einer (möglichen) Wendung oder Umkehrung *im Sein selbst* bzw. in der Geschichte des Seins und zweitens – aufs engste damit zusammenhängend – zur Charakterisierung einer gewissen Bewegung oder Wandlung *in seinem (dem Heideggerschen) Denken.*

Im ersten Sinne ist die Kehre also die möglicherweise bevorstehende, vielleicht aber auch noch lange ausstehende Wende von der seit den Griechen herrschenden Seinsvergessenheit zu einer neuen Lichtung der Wahrheit des Seins (vgl. bes. TK und oben 4.3.2 und 4.3.3). Zwar ist diese Kehre ein Ereignis im Sein selbst und als solches nicht primär vom Menschen herbeizuführen. Gleichwohl bedarf es der ›ent-sprechenden‹ Bereitschaft des Menschen. Sie zu wecken, ist der Anspruch des Heideggerschen Denkens. Überwindung der Seinsvergessenheit heißt aber: Überwindung der Metaphysik und des Subjektivismus. Dies ist nun der entscheidende Punkt: Heidegger behauptet nämlich, daß auch schon »in ›Sein und Zeit‹ der Ansatz des Fragens aus dem Bezirk der Subjektivität abgebaut« sei (BaR XIX). Um dies nachzuweisen, hat er zahlreiche Begriffe aus »Sein und Zeit« neu interpretiert, z. B. ›Existenz‹, ›Dasein‹, ›Entwurf‹, ›Entschlossenheit‹ u. a. m. Dabei wies er jedes irgendwie existenzialistische Verständnis dieser Begriffe als irreführend zurück und versuchte den Eindruck zu erwecken, jene Begriffe seien auch schon in »Sein und Zeit« im Sinne jenes Denkens gemeint gewesen, das sich faktisch erst in den 30er Jahren, nach dem Scheitern von »Sein und Zeit«, entwickelte. Gegenüber dieser Selbstdeutung ist Skepsis am Platze. F. W. *von Herrmann* konnte nach ausführlichen Untersuchungen konstatieren, »daß Heidegger die Probleme aus ›Sein und Zeit‹ nicht mehr aus der Perspektive auslegt, in der sie dort entwickelt sind, sondern aus der Perspektive der [...] [späteren seinsgeschichtlichen] Position. Es handelt sich also bei Heidegger um keine bloß erläuternde, sondern um eine umdeutende *Selbstinterpretation«.* (9) Gegenüber der Behauptung Heideggers, daß »Sein und Zeit« – *auch* schon »Sein und Zeit« – von jedem Subjektivismus und speziell Existenzialismus weit entfernt gewesen sei, gibt es also berechtigte Zweifel. Die wichtigsten Stellen mit Neuinterpretationen zu »Sein und Zeit« sind:

Hum 15–19, 21–25, 29 f., 32–36, 41–43
WiM–E 13–17
N II 475 f.

(Nahezu alle Stellen mit Selbstinterpretationen zu »Sein und Zeit« werden in der für diese Fragen einschlägigen Arbeit von Herrmanns erfaßt und zitiert, vgl. im III. Teil jeweils den Anfang der Kapitel 1 b), 2 b), 3 b) usf. Ein knappes Verzeichnis findet sich auch in der 2. Aufl. von H. Feicks »Index zu Heideggers ›Sein und Zeit‹«.)

Auf der anderen Seite hat Heidegger aber auch mehrfach selbst von der Wandlung seines Denkens gesprochen und zu deren Bezeichnung nun gleichfalls den Titel ›Kehre‹ gebraucht, öffentlich-literarisch zuerst an jener berühmten Stelle des Briefes »Über den Humanismus«, wo über den 3. Abschnitt (des 1. Teils) von »Sein und Zeit«, der den Titel ›Zeit und Sein‹ hätte tragen sollen, gesagt wird: »Hier kehrt sich das Ganze um.« (Hum 17) Offensichtlich ist damit zunächst jene Umkehrung gemeint, die für »Sein und Zeit« zwar geplant war, die aber dann nicht mehr durchgeführt wurde, weil – so Heidegger selbst – »das Denken im zureichenden Sagen dieser Kehre versagte« (ebd.). Es wurde daher eine andere Wendung nötig, die nun von Heidegger selbst ebenfalls als ›Kehre‹ bezeichnet wurde (und die meistens gemeint ist, wenn in der Literatur von der Heideggerschen ›Kehre‹ die Rede ist), eben der tatsächliche Übergang von der frühen Philosophie zum Spätdenken. Freilich beharrt Heidegger auch hier auf der Feststellung: »Diese Kehre ist nicht eine Änderung des Standpunktes von ›Sein und

Zeit‹, sondern in ihr gelangt das versuchte Denken in die Ortschaft der Dimension, aus der ›Sein und Zeit‹ erfahren ist und zwar erfahren aus der Grunderfahrung der Seinsvergessenheit.« (ebd.) Diese Grundfigur – daß sein Denken mit der Kehre auf den eigentlich von ihm beabsichtigten, letztlich aber auch schon in »Sein und Zeit« eingeschlagenen Weg kommt – hat Heidegger in einer ganzen Reihe von Formulierungen bekräftigt. Den Umstand, daß der Ansatz von »Sein und Zeit« nicht fortgeführt werden konnte, versuchte er dadurch zu erklären, daß auch ein neue Wege beschreitendes Denken an Bisheriges anknüpfen und in diesem Sinne vorläufig bleiben müsse und daß es so in die Gefahr komme, dasjenige, was es überwinden wolle – Metaphysik und Subjektivismus –, selbst gerade weiterzubetreiben. Die wichtigsten Stellen, an denen Heidegger sich zur ›Kehre‹ bzw. allgemein zur Entwicklung seines Denkens äußert oder die sonst für seine Selbstdeutung in Frage kommen, sind:

WW 26 f.
Hum 12, 17, 18
WiM-E 9 f., 18 f.
TK 5
WhD 48
SvG 95, 106 f., 146
ID 13
USp 99, 122
SF 36, 39 f.
N I 29
N II 194 f., 209 f., 260
BaR XV, XVII, XIX, XXIII
SD 46 f.
»Schellings Abhandlung [. . .]« (Nr. 61) 227–229.

Die Heideggersche Kehre hat – insbesondere in den 50er und 60er Jahren – zu zahlreichen, z. T. sehr subtilen Deutungsversuchen Anlaß gegeben. So wurde sie etwa verstanden als Wende vom Nichts zum Sein (W. Schulz), als Einkehr in den Grund, auf dem auch schon das frühe Denken stand (O. Pöggeler), oder gar als Grundart des Heideggerschen Denkens selbst (O. Pugliese). Bei vielen dieser Deutungen ist allerdings eine Hinterfragung der oftmals unkritisch übernommenen Perspektiven der Heideggerschen Selbstinterpretation angezeigt. Daß die Kehre durch Heideggers politische Erfahrungen von 1933/34 motiviert gewesen sein soll, wie es manche – zumal marxistische – Interpreten glauben, muß gleichfalls fraglich bleiben, hat doch die Forschung für die Anfänge des ›gekehrten‹ seinsgeschichtlichen Denkens eine Datierung wahrscheinlich gemacht, die um einige Jahre *vor* der nationalsozialistischen ›Machtergreifung‹ anzusetzen ist (s. o. 4.2.1 und unten Kap. 5).

Literatur

Sehr viele Arbeiten, die sich sowohl mit dem frühen als auch mit dem späten Heidegger befassen, gehen beiläufig oder ausgiebig auf die ›Kehre‹ ein. Die wichtigsten sind bereits in der Auswahlbibliographie genannt. Sie seien hier nur noch kurz aufgezählt (Zahlen in Klammern = Nummern der Auswahlbibliographie):

W. Franzen (28), P. Fürstenau (30), F. W. von Herrmann (43), K. Löwith (65), J. van der Meulen (79) M. Müller (82) W. Müller-Lauter (84), H. Ott (87), R. Pflaumer (89), O. Pöggeler (91), O. Pugliese (95), W. J. Richardson (97, 98), W. Schulz (109), A. Schwan (110), D. Sinn (112), E. Tugendhat (122).

Zusätzlich seien noch genannt:

B. Allemann: Hölderlin und Heidegger, ²1956.

J. L. de Azevedo: Der alte und der neue Heidegger. In: PhJb 60 (1950) 161–174.

O. F. Bollnow: Heideggers neue Kehre. In: Zschr. f. Religions- u. Geistesgesch. 2 (1949/50) 113–128.

A. Michailow: Martin Heidegger und seine ›Kehre‹. Phil. Diss. Jena 1966.

A. Naber: Von der Philosophie des ›Nichts‹ zur Philosophie des ›Seins selbst‹. Zur großen ›Wende‹ im Philosophieren Martin Heideggers. In: Gregorianum 28 (1947) 357–378.

5 Heidegger und der Nationalsozialismus

Heidegger hat sich für kurze Zeit offen und öffentlich für *Hitler* und den Nationalsozialismus engagiert. Wie dies zu erklären und zu beurteilen ist, ist bis heute umstritten. Lange Zeit wurde dieses – natürlich äußerst heikle – Thema in der (west-)deutschen Philosophie mehr oder weniger verschwiegen bzw. verdrängt. (Unter den Heidegger-Schülern war Karl *Löwith* der einzige, der sich nicht an der allgemeinen Tabuisierung beteiligte.) Inzwischen gibt es auch in der Bundesrepublik eine ganze Reihe von einschlägigen Beiträgen zum ›Fall Heidegger‹. Manche Ergebnisse – zumindest Zwischenergebnisse – liegen vor. Eine wirklich offene und unverkrampfte Diskussion hat aber bis heute, zumal im ›Lager‹ der Heidegger-Schule selbst, kaum stattgefunden. Bemerkenswert sind dagegen die in Frankreich kurz nach dem Krieg und dann erneut in den 60er Jahren geführten Kontroversen. Die marxistische Philosophiegeschichtsschreibung schließlich, zumal die in den osteuropäischen Staaten, kommt natürlich bezüglich des Themas ›Heidegger und der Nationalsozialismus‹ zu eindeutigen, aber auch sehr einseitigen und blickverengten Urteilen. Einige ›Hauptstationen‹ der bisherigen Auseinandersetzung seien kurz genannt (nähere Angaben jeweils in den Literaturhinweisen zu diesem Kapitel):

- Kurz nach dem Krieg wird in der von Sartre begründeten Zeitschrift ›Les temps modernes‹ eine erste Kontroverse zwischen K. *Löwith*, E. *Weil* und A. *de Waelhens* geführt. (Vgl. ferner die Berichte von M. de Gandillac und A. de Towarnicki; in seinem Buch »Heidegger – Denker in dürftiger Zeit« hat Löwith im wesentlichen seinen Standpunkt bekräftigt.)
- Im Jahre 1953 nehmen (der 24jährige Student) J. *Habermas* und Ch. E. *Lewalter* eine gerade erschienene Vorlesung, die Heidegger aber schon 1935 gehalten hatte (EiM), zum Anlaß, um sich (in der Tages- bzw. Wochenpresse) über Heideggers Verhältnis zum Nationalsozialismus auseinanderzusetzen. Heidegger selbst nimmt mit einem kurzen Leserbrief (Nr. 67) Stellung, indem er Lewalters (wohlwollende) Deutung für zutreffend erklärt.
- 1954 ordnet G. *Lukács* in seinem groß angelegten Werk »Die Zer-

störung der Vernunft« Heidegger in die Geschichte des Irrationalismus und damit in die Vorgeschichte des Faschismus ein.
- 1958 erscheint Ch. *von Krockows* Buch »Die Entscheidung«, das sich mit der Problematik des Dezisionismus – bei Ernst Jünger, Carl Schmitt und Martin Heidegger – beschäftigt.
- Ein Jahr später veröffentlicht P. *Hühnerfeld* seinen biographischen Versuch, in dem die Ereignisse von 1933/34 einen Schwerpunkt der kritischen Beurteilung bilden.
- Mit seinen beiden Dokumentationen stellt G. *Schneeberger* die Auseinandersetzung auf eine neue Basis, indem er zahlreiche schwer zugängliche Dokumente aus den fraglichen Jahren, insbesondere auch Heideggers politische Reden und Aufsätze, neu abdruckt.
- Die ausführliche Untersuchung von A. *Schwan* bringt dann in vielen Fragen die längst fällige Klärung; sie muß auch heute noch als einschlägiges Werk zum Thema gelten.
- Zwischen 1961 und 1967 wird in Frankreich eine neue Kontroverse geführt, in der es u. a. noch einmal um die wichtigsten historischen Fakten geht. (Vgl. die Beiträge von J. P. *Faye* und F. *Fédier*, ferner auch diejenigen von A. Patri und R. Minder; die wichtigsten Ergebnisse dieser Auseinandersetzung – bes. die von Fédier – hat B. Allemann referiert.) J.-M. *Palmier* versucht dann nochmals eine Rehabilitation Heideggers.
- O. *Pöggelers* zweites Heidegger-Buch (1972) kann schließlich als erster – wenn auch noch recht zaghafter – Ansatz gewertet werden, in der Heidegger-Schule selbst die dort lange Zeit herrschenden Tabus zu überwinden.

Das Thema ›Heidegger und der Nationalsozialismus‹ umfaßt mehrere, durchaus voneinander zu unterscheidende Aspekte.

a) Der erste Aspekt betrifft die Frage, ob – unabhängig von den Ereignissen von 1933/34 – Heideggers Philosophie und insbesondere sein Hauptwerk »Sein und Zeit« gewisse Konvergenzen mit der nationalsozialistischen ›Weltanschauung‹ aufwies. Dies ist mit Engagement und Erbitterung sowohl behauptet als auch bestritten worden. War »Sein und Zeit« ein latent faschistisches oder zumindest vorfaschistisches Buch? Oder war es vielmehr das genaue Gegenteil davon? Liegt die Wahrheit vielleicht irgendwo in der Mitte? Soviel ist klar: von dem primitiven Rassismus und Biologismus, dem schlimmsten Bestandteil der NS-Weltanschauung, war die existenziale Analytik völlig frei. Andererseits gab es in ihr aber doch gewisse unterschwellige Tendenzen – z. B. antizivilisatorische, antirationalistische, antipolitische –, die zumindest indirekt mit zu jenem Klima beitrugen, in dem große Teile der deutschen Intelligenz der Weimarer Zeit schließlich auf die nationalsozialistischen Parolen hereinfielen und welches dann auch die rasche Gleichschaltung der Universitäten und des gesamten kulturellen Lebens möglich machte.

b) Der zweite Punkt (der unzulässigerweise oft als der einzige Aspekt des Themas ›Heidegger und der Nationalsozialismus‹ angesehen wurde) betrifft die Ereignisse von 1933/34, den oft so genannten ›Fall Heidegger‹. Die äußeren Fakten sind in groben Umrissen, wenn auch noch längst nicht in allen Details und vor allem nicht in den Hintergründen, geklärt (vgl. die Zusammenstellung bei Fédier: Trois attaques... 899 ff., referiert bei Allemann 252 ff.):

Darüber, wie Heidegger *vor* der ›Machtergreifung‹ (30. 1. 1933) zum Nationalsozialismus gestanden hat, gibt es meines Wissens bisher kein einziges öffentlich einigermaßen zugängliches Dokument. Am 21. April 1933 wurde Heidegger zum Rektor der Freiburger Universität gewählt. Die Initiative dazu ist offensichtlich nicht von ihm selbst ausgegangen. Am 1. Mai trat er – vermutlich auf Drängen von Parteifunktionären und Kultusbürokratie – in die NSDAP ein. In den folgenden Monaten setzte er sich in öffentlichen Reden und Aufrufen massiv für Programm und Politik Hitlers ein (vgl. die Texte Nr. 11–17). Diese Äußerungen können durch nichts hinwegdiskutiert oder -interpretiert werden. Allerdings wandte Heidegger sich eindeutig gegen den Boykott jüdischer Dozenten. Darüber hinaus erwies sich die von ihm offenbar gehegte Hoffnung, gegenüber dem wachsenden Einfluß der Funktionäre aus Partei und Kultusministerium der Universität doch noch eine gewisse Autonomie erhalten zu können, bald als Illusion. Als dann das Kultusministerium von ihm verlangte, er solle in seiner Eigenschaft als Rektor zwei anti-nationalsozialistische Professoren von ihren Dekansämtern entbinden, weigerte er sich und trat vor Ablauf seiner Amtszeit zurück (Ende Februar 1934). Seinen Nachfolger, der nicht mehr gewählt, sondern vom Ministerium ernannt wurde, feierte die Presse als ersten nationalsozialistischen Rektor der Universität Freiburg.

Man darf sicherlich sagen, daß Heideggers nationalsozialistisches Engagement ein Irrtum war, daß Heidegger, wie damals viele andere auch, die wahren Absichten des Nationalsozialismus nicht erkannte, daß er sich falsche Hoffnungen machte, Hitler und seine Gefolgschaft könnten die deutsche Misere endlich zum Besseren wenden. Gleichwohl bleiben die Reden und Aufrufe aus jener Zeit kompromittierende Dokumente für die Umstandslosigkeit, mit der aus Heideggers philosophischem

Standort höchst fragwürdige politische Optionen wurden. Es gibt nämlich genug Anzeichen dafür, daß Heideggers politischer Einsatz philosophisch motiviert war, konkreter: daß Heidegger in dem nationalsozialistischen ›Aufbruch‹ den Beginn jener erhofften seinsgeschichtlichen Wendung sah, in der die lange herrschende abendländische Seinsvergessenheit überwunden werden und die neue-alte Wahrheit des Seins wieder Einkehr halten sollte. Diese Deutung steht allerdings in Konkurrenz zu einer anderen, die in etwa besagt: in »Sein und Zeit« habe es die Aufforderung zur ›Entschlossenheit‹ gegeben, ohne daß Heidegger inhaltlich konkretisierte, wozu man sich zu entschließen habe. (Kolportiertes Diktum eines Heideggerianers: »Ich bin unheimlich entschlossen, ich weiß nur noch nicht, wozu.«) Im Jahre 1933 habe Heidegger – *auch* Heidegger – dann vor einer konkreten Entscheidung gestanden; er habe sich ›nun einmal‹ für den Nationalsozialismus entschieden, sei jedoch bald enttäuscht worden, habe die Konsequenzen gezogen und fortan eine neue, nun nicht mehr dezisionistische Position entwickelt (so in etwa die Grundfigur der Deutung von Krokkows). Die Erfahrungen, die Heidegger 1933/34 gemacht habe, seien somit als der eigentliche Anlaß für seine Kehre anzusehen. – Diese Deutung lag solange nahe, wie noch nicht klar war, daß Heideggers Kehre bereits um 1930 einsetzte, keineswegs erst nach 1933/34. Darüber hinaus kann man zeigen, daß manche der in »Sein und Zeit« vertretenen Positionen mit einem offenen nationalsozialistischen Engagement doch kaum verträglich gewesen wären und daß Heideggers politische Äußerungen von 1933/34 auch in der Tat bereits an seinsgeschichtliche Perspektiven anschlossen (die freilich in so manchem Punkte auf dem gleichen Fundament standen wie die von »Sein und Zeit«). Insgesamt kann man vielleicht sagen, daß Heideggers politisches Verhalten sich zwar keineswegs zwangsläufig, aber doch zwanglos aus seiner Philosophie ergab, und zwar aus der bereits in Richtung aufs seinsgeschichtliche Denken gekehrten Philosophie.

c) Lange vernachlässigt wurde die Frage nach Heideggers Verhältnis zum Nationalsozialismus *nach* seinem Rückzug aus der öffentlich-politischen Sphäre Anfang 1934. Seit diesem Zeitpunkt hat Heidegger zweifellos in Opposition zum Nationalsozialismus gestanden. Seine Vorlesungen wurden vom Sicherheitsdienst und der SS überwacht, seine Philosophie als rationalistisch und nihilistisch verurteilt (besonders von dem NS-›Philosophen‹ Ernst *Krieck*), er durfte nicht zu Kongressen ins

Ausland reisen, konnte nur noch mit Schwierigkeiten publizieren. Wie aber hat Heidegger sich seinerseits seit 1934 zum Nationalsozialismus gestellt? In seinen Lehrveranstaltungen übte er – meist in versteckter Form, in einzelnen Fällen aber auch ganz offen – Kritik an den ›Lehren‹ der NS-Ideologie. Namen nannte er freilich nicht, brauchte es aber auch nicht, denn jedermann konnte sich denken, daß Leute wie Alfred *Rosenberg*, Alfred *Bauemler* und Ernst *Krieck* gemeint waren. Einschlägig ist hier vor allem die 1935 gehaltene Vorlesung »Einführung in die Metaphysik« (publiziert 1953), daneben aber auch die anderen inzwischen gedruckt vorliegenden Vorlesungen über Nietzsche und Schelling. Manche Passagen des Nachworts zur 1943 erschienenen vierten Auflage von »Was ist Metaphysik?« muß man sicherlich als Antwort auf die nationalsozialistische (besonders wiederum Kriecksche) Kritik an seiner – Heideggers – Philosophie lesen. Die zwischen 1936 und 1946 entstandenen Aufzeichnungen zur »Überwindung der Metaphysik« (in VA) sind zwar kein Dokument öffentlicher Opposition, da sie erst nach dem Ende der NS-Herrschaft veröffentlicht wurden; sie geben aber jedenfalls einigen Aufschluß darüber, was Heidegger in den späten 30er und in der ersten Hälfte der 40er Jahre über den Nationalsozialismus gedacht hat.

Heideggers oppositionelle Haltung zum NS-Regime seit Anfang 1934 steht außer Zweifel und muß bei der Beurteilung des Gesamtthemas ›Heidegger und der Nationalsozialismus‹ erheblich ins Gewicht fallen. Auf der anderen Seite sind aber auch nach 1934 manche Äußerungen Heideggers ambivalent. So sprach er auch noch 1935 von der »inneren Wahrheit und Größe« der NS-Bewegung, mit der allerdings die offizielle Philosophie des Nationalsozialismus nichts zu tun habe (EiM 152; zur Deutung dieser Stelle vgl. die einschlägige Kontroverse zwischen Habermas und Lewalter sowie Heideggers Leserbrief Nr. 67). Zwar verurteilte Heidegger offensichtlich Rassismus, Antisemitismus, Totalitarismus u. v. a. m. Aber in manchen anderen Punkten blieb er, zunächst jedenfalls, in irritierender – man möchte fast sagen: unfreiwilliger – Nähe zu nationalsozialistischen Positionen, besonders bezüglich der Einschätzung der herausragenden Rolle des deutschen Volkes als desjenigen, welches dem geschichtlichen Verfall, der sich besonders trostlos in Amerika und Rußland dokumentiere, Einhalt zu gebieten bestimmt sei (vgl. EiM 28 f., 32, 34–38). Später freilich, vor allem wohl unter dem Eindruck der Ereignisse seit 1937 und des Krieges, wurde die NS-Herrschaft in Heideggers Einschätzung immer mehr zur ›Inkarnation‹ der äußersten, katastrophal sich zuspitzenden Seinsverlassenheit (vgl. bes. »Überwindung der Metaphysik« in VA).

Literatur

Der Umstand, daß zu diesem Kapitel relativ ausgiebige Literaturhinweise gegeben werden, erklärt sich keineswegs aus der Absicht, dem Thema ›Heidegger und der Nationalsozialismus‹ größere Bedeutung zu verschaffen, als ihm zukommt. Vielmehr stellt das Heikle des Themas das Prinzip ›Auswahl‹ in Frage: jeder nicht angeführte Titel könnte mir den Vorwurf eintragen, ich hätte Aspekte, Dokumente, Argumente – zugunsten der einen oder der anderen Auffassung – unterschlagen. Um dem zuvorzukommen – ausschließlich deshalb –, streben die Literaturangaben zu diesem Kapitel ausnahmsweise Vollständigkeit an (zumindest was die einschlägig relevanten Äußerungen angeht). Ein solches Ziel ist freilich kaum zu erreichen. Sollte ein wichtiger Titel nicht verzeichnet sein – Absicht war es jedenfalls nicht.

Th. W. Adorno: s. AwBibl 1.

B. Allemann: s. AwBibl 2.

H. Arendt: s. AwBibl 5 [S. 901].

K. Ballmer: Aber Herr Heidegger! Zur Freiburger Rektoratsrede Martin Heideggers, Basel 1933.

W. R. Beyer: s. AwBibl 8.

F. Bondy: Zum Thema ›Martin Heidegger und die Politik‹. In: Merkur 22 (1968) 189–182.

J. P. Faye: Heidegger et la ›révolution‹. In: Médiations 3 (1961) 151–159.

J. P. Faye: Attaques nazies contre Heidegger. In: Médiations 5 (1962) 137–154.

J. P. Faye: A propos de Heidegger: La lecture et l'énonce. In: Critique 237 (1967) 288–295.

F. Fédier: Trois attaques contre Heidegger [zu Schneeberger, Hühnerfeld, Adorno]. In: Critique 234 (1966) 883–904.

F. Fédier: A propos de Heidegger: une lecture dénoncée. In: Critique 242 (1967) 672–686.

W. Franzen: s. AwBibl 28.

M. de Gandillac: Entretien avec Martin Heidegger. In: Les temps modernes 1 (1945/46) 713–716.

C. Grossner: s. AwBibl 37.

J. Habermas: Martin Heidegger – Zur Veröffentlichung von Vorlesungen aus dem Jahre 1935 [zuerst 1953 in der FAZ unter dem Titel »Mit Heidegger gegen Heidegger denken«]. In: AwBibl 40, S. 67–76.

J. Harms: Vom Deutsch deutscher Philosophen [zuerst 1934]. In: AwBibl 107, S. 171–174.

H.-P. Hempel: Politische Philosophie im Denken Heideggers [zu Schwan]. In: ZphF 22 (1968) 432–440.
P. Hühnerfeld: s. AwBibl 49.
K. Korn: Warum schweigt Heidegger? Antwort auf den Versuch einer Polemik. In: Frankfurter Allg. Ztg. vom 14. 8. 1953, S. 6.
E. Krieck: Germanischer Mythos und Heideggersche Philosophie [zuerst 1934]. In: AwBibl 107, S. 225–228.
E. Krieck: Vom Deutsch des deutschen Sprachvereins [zuerst 1934]. In: AwBibl 107, S. 182–184.
E. Krieck: Gegen die Sprachbastler [zuerst 1934]. In: AwBibl 107, S. 228–230.
E. Krieck: Die Geburt der Philosophie. In: Volk im Werden 8 (1940) 229–236.
Ch. von Krockow: s. AwBibl 56.
Ch. E. Lewalter: Wie liest man 1953 Sätze von 1935? Zu einem politischen Streit um Heideggers Metaphysik. In: Die Zeit vom 13. August 1953, S. 6.
K. Löwith: Les implications politiques de la philosophie de l'existence chez Heidegger. In: Les temps modernes 2 (1946) 343–360.
K. Löwith: Réponse à M. DeWaelhens. In: Les temps modernes 4 (1948) 370–373.
K. Löwith: s. AwBibl 65.
G. Lukács: s. AwBibl 71.
H. Marcuse: Der Kampf gegen den Liberalismus in der totalitären Staatsauffassung [zuerst 1934]. In: H. M.: Kultur und Gesellschaft I, 8. Aufl. 1965, 17–55.
L. Marcuse: Leserbrief an den ›Spiegel‹ [über Heidegger]. In: Der Spiegel vom 7. 3. 1966.
A. Michailow: Martin Heidegger und seine Kehre. Phil. Diss. Jena 1966.
R. Minder: A propos de Heidegger: Langage et nazisme. In: Critique 237 (1967) 284–287.
K. A. Moehling: Martin Heidegger and the Nazi Party – An examination. Phil. Diss. Northern Illinois University, De Kalb 1972.
J.-M. Palmier: Les Ecrits politiques de Heidegger, Paris 1968.
A. Patri: A propos de Heidegger: Serait-ce une querelle d'allemand? In: Critique 237 (1967) 296–297.
O. Pöggeler: s. AwBibl 92.
G. Schneeberger: Ergänzungen zu einer Heidegger-Bibliographie. Mit vier Beilagen und einer Bildtafel, Bern 1960.
G. Schneeberger: s. AwBibl 107.
A. Schwan: s. AwBibl 110.
A. Schwan: Martin Heidegger, Politik und Praktische Philosophie. In: PhJb 81 (1974) 148–171.
H. Thielemans: Existence tragique. La métaphysique du nazisme. In: Nouvelle revue théologique 63 (1936) 561–579.

E. Vietta: Heideggers Sätze von 1935 [Leserbrief]. In: Die Zeit vom 20. 8. 1953.
A. de Waelhens: La philosophie de Heidegger et le nazisme. In: Les temps modernes 3 (1947/48) 115–127.
A. de Waelhens: Réponse à cette réponse. In: Les temps modernes 4 (1948) 374–377.
E. Weil: Le cas Heidegger. In: Les temps modernes 3 (1947/48) 128–138.
(Vgl. auch noch die Literaturangaben zu 6.14.)
Hintergrundwissen zum Thema dieses Kapitels vermitteln u. a.:
Deutsches Geistesleben und Nationalsozialismus. Eine Vortragsreihe der Universität Tübingen, hrsg. von *A. Flitner*, 1965.
Nationalsozialismus und die deutsche Universität. Universitätstage 1966 (Veröffentlichungen der Freien Universität Berlin), 1966.
L. Poliakov u. *J. Wulf:* Das dritte Reich und seine Denker. Dokumente, 1959.

6 Heidegger-Aspekte und Heidegger-Rezeption

Dieses Kapitel versteht sich als Ergänzung zur Auswahlbibliographie (s. o. 2.3) und zu den Literaturhinweisen in den verschiedenen Abschnitten des vierten Kapitels. Es enthält Informationen, die einen ersten Einstieg in zwei (an vielen Punkten miteinander zusammenhängende) Themenkomplexe ermöglichen sollen: zum einen geht es um Heideggers Verhältnis zu bedeutenden Vertretern der philosophischen Tradition, zum anderen um einige ausgewählte Aspekte der Rezeptions- und Wirkungsgeschichte der Heideggerschen Philosophie. Dabei sind vor allem die Hinweise zum letzten Punkt ganz und gar vorläufig und lückenhaft; Heideggers Philosophie hat auf so vielfältige Art und Weise gewirkt, daß zur befriedigenden Aufarbeitung dieses Themas umfassende Forschungen nötig wären, die in Zukunft zum größten Teil erst noch geleistet werden müssen. Die folgenden Hinweise sind – um es nochmals zu betonen – nicht mehr als Ansätze zu Ansätzen (in denen überdies der Zwang zur knappen Formulierung häufig die Gefahren der Verkürzung und Vereinfachung mit sich bringt).

Für die hier anstehende Thematik gibt es zwei wichtige Hilfsmittel: H. Feicks »Index zu Heideggers ›Sein und Zeit‹« (2. Aufl.) mit den verschiedenen Verzeichnissen der jeweils relevanten Stellen (etwa zu Platon, Hegel, zur Neuzeit, zum Existenzialismus) in Heideggers *eigenen* Schriften und Landolts Register zur Heidegger-Literatur in der zweiten der Sass'schen Bibliographien (s. o. 2.2). Für die Heidegger-Rezeption im Ausland ist natürlich die Übersetzungsgeschichte heranzuziehen (s. o. 1.4). Wirkungs- und rezeptionsgeschichtliche Hinweise finden sich z. B. in O. *Pöggelers* »Einleitung: Heidegger heute« in AwBibl 93, auch in E. *Finks* Festrede zu Heideggers 80. Geburtstag (in AwBibl 137).

6.1 Zur ›Heidegger-Schule‹

Heidegger hat sowohl in seiner Eigenschaft als akademischer Lehrer als auch durch seine Schriften in einem Maße schulbildend gewirkt wie sonst in der deutschen Philosophie wohl nur Kant und Hegel. Nimmt man die Zahl der philosophischen

Lehrstühle als Kriterium, so war die ›Heidegger-Schule‹ für ein bis zwei Jahrzehnte – etwa von der Nachkriegszeit bis in die 60er Jahre hinein – die vermutlich stärkste philosophische Fraktion an den deutschen Universitäten (wobei man im Gefolge der politischen Entwicklung seit 1945 die Universitäten der DDR natürlich ausnehmen muß).

Allerdings ist der Kreis der Heidegger-Schüler nicht scharf umrissen. Es gibt ja (nicht nur bei Heidegger) die verschiedensten Fälle indirekter Schülerschaft. In der folgenden Aufzählung gilt in einem (aus pragmatischen Gründen) engeren Sinne als Heidegger-Schüler zunächst, wer sein Studium und/oder seine akademische Laufbahn (Promotion, Habilitation, Assistentur etc.) zumindest teilweise ›bei‹ Heidegger verbracht hat. Miteinbezogen werden darüber hinaus jene, die zwar nicht eigentlich als Heidegger-*Schüler* bezeichnet werden können (Binswanger ist z. B. acht, Bultmann fünf Jahre *älter* als Heidegger, Szilasi mit ihm gleichaltrig), die aber doch engen Kontakt mit Heidegger hatten und/oder stark von ihm beeinflußt waren. Es mag noch erwähnt werden, daß natürlich mancher Heidegger-Schüler später z. T. erheblich von der ›Linie‹ seines Lehrers abgewichen ist (z. B. Löwith, Marcuse).

Ballauff, Theodor: s. u. 6.14.

Becker, Oskar: Mathematische Existenz. Untersuchungen zur Logik und Ontologie mathematischer Phänomene. In: Jb. f. Phil. u. phänomenol. Forsch. 8 (1927) 439–809; Dasein und Dawesen. Gesammelte philosophische Aufsätze, 1963.

Berlinger, Rudolf: Das Werk der Freiheit, 1959.

Biemel, Walter: s. AwBibl 9 und 10.

Binswanger, Ludwig: s. u. 6.13.

Bollnow, Otto Friedrich: Das Wesen der Stimmungen, 1941, ^{3}1956; Existenzphilosophie, 1953 und später; Neue Geborgenheit – Das Problem einer Überwindung des Existentialismus, 1955; s. auch unter 6.14.

Boss, Medard: s. u. 6.13.

Bröcker, Walter: s. u. 6.2; Dialektik, Positivismus, Mythologie, 1958; [zusammen mit Heinrich *Buhr*:] Zur Theologie des Geistes, 1960.

Bultmann, Rudolf: Glauben und Verstehen. Gesammelte Aufsätze, Band 1 bis 4, 1933, 1952, 1960, 1965; Theologie des Neuen Testamentes, 1953; Geschichte und Eschatologie, 1958.

Fink, Eugen: Nachdenkliches zur ontologischen Frühgeschichte von Raum, Zeit, Bewegung, Den Haag 1957; Sein – Wahrheit – Welt. Vor-Fragen zum Problem des Phänomen-Begriffs, Den Haag 1958; Spiel als Weltsymbol, 1960.

Gadamer, Hans-Georg: s. AwBibl 31; Kleine Schriften, Bd. I, II 1967, Bd. III 1972.

Jonas, Hans: Gnosis und spätantiker Geist, Bd. I 1934, Bd. II,1 1954.

Kamlah, Wilhelm: Christentum und Geschichtlichkeit. Untersuchungen zur Entstehung des Christentums und zu Augustinus' »Bürgerschaft Gottes« [zuerst 1940 unter dem Titel »Christentum und Selbstbehauptung«], 2. Aufl. 1951.

Krüger, Gerhard: Philosophie und Moral in der Kantischen Kritik, 1931, 2. Aufl. 1967; Grundfragen der Philosophie, 1958.

Landgrebe, Ludwig: Philosophie der Gegenwart, 1952.

Lipps, Hans: Untersuchungen zu einer hermeneutischen Logik, 1938.

Löwith, Karl: Das Individuum in der Rolle des Mitmenschen, 1928, Neudruck 1969; vgl. auch AwBibl 64 bis 67.

Lohmann, Johannes: Philosophie und Sprachwissenschaft, 1965.

Lotz, Johannes Baptist: s. u. 6.3 und 6.11.

Marcuse, Herbert: s. u. 6.5 und 6.6.

Müller, Max: s. u. 6.3 und AwBibl 82.

Oltmanns, Käte: Meister Eckhart, 1935.

Rahner, Karl: s. u. 6.3 und 6.11.

Schlier, Heinrich: s. u. 6.11.

Schulz, Walter: Die Vollendung des deutschen Idealismus in der Spätphilosophie Schellings, 1955; Der Gott der neuzeitlichen Metaphysik, 1957; s. auch AwBibl 109.

Siewerth, Gustav: s. u. 6.3 und 6.11.

Staiger, Emil: s. u. 6.12.

Struve, Wolfgang: Die neuzeitliche Philosophie als Metaphysik der Subjektivität. Interpretationen zu Kierkegaard und Nietzsche. In: Symposion 1 (1949) 207–335.

Szilasi, Wilhelm: Macht und Ohnmacht des Geistes, Bern 1946.

Ulmer, Karl: Wahrheit, Kunst und Natur bei Aristoteles, 1953.

Vietta, Egon: s. AwBibl 125; Theologie ohne Gott, Zürich 1946.

Volkmann-Schluck, Karl-Heinz: Einführung in das philosophische Denken, 1965.

Weischedel, Wilhelm: Das Wesen der Verantwortung. Ein Versuch, 1933; Die Tiefe im Antlitz der Welt, 1952; s. auch 6.11.

Weiss, Helene: s. u. 6.2.

Welte, Bernhard: s. u. 6.3 und 6.11.

Ferner gibt es noch eine ganze Reihe von Fällen, wo zwar Herkunft aus oder Zugehörigkeit zu anderen Schulen als der Heideggerschen vorliegt, wo aber Heidegger zumindest zeitweilig beträchtlichen Einfluß ausgeübt hat, ohne daß dies in jedem Fall anhand von Publikationen ›aktenkundig‹ zu machen wäre. Beispiele sind etwa Hermann *Noack* und Joachim *Ritter*. In der Generation derer schließlich, die gegen oder nach dem Ende des Zweiten Weltkriegs ihr Studium begonnen haben, sind noch manche direkt und viele indirekt (meist über die erste Generation der Heidegger-Schüler) von Heidegger beeinflußt. Aus der langen Reihe der Namen seien genannt: Friedrich Wilhelm *von Herrmann* (s. AwBibl 43 und 44), Otto *Pöggeler* (s. AwBibl 91–93), Heinrich *Rombach* (s. AwBibl 99 und unten 6.14), Ernst *Tugendhat* (s. AwBibl 122, auch unten 6.2). Generell kann man wohl sagen, daß für die meisten aus den Studentengenerationen zwischen dem Ende des Zweiten Weltkriegs und etwa 1960 ein Studium der Philosophie fast ›automatisch‹ Beschäftigung und Auseinandersetzung mit Heidegger implizierte. (Zu Heidegger-Schülern bzw. zur Heidegger-Rezeption im Ausland s. u. 6.6, 6.15 bis 6.17.)

6.2 Heidegger und die Griechen

Die Auseinandersetzung mit der griechischen Philosophie ist für Heidegger von Anfang an von größter Bedeutung gewesen. Insbesondere war für die Formulierung der Seinsfrage die Beschäftigung mit *Platon* und vor allem mit *Aristoteles* konstitutiv (s. o. 4.1). Der 3. Abschnitt der nicht mehr erschienenen 2. Hälfte von »Sein und Zeit« sollte denn auch dem aristotelischen Zeitbegriff gelten (vgl. SuZ 40). Schon den Freiburger Privatdozenten, dann den jungen Marburger Professor hatten die in Lehrveranstaltungen vorgetragenen, von der phänomenologischen Methode inspirierten Aristoteles-Interpretationen berühmt gemacht.

Die Deutung des platonischen Höhlengleichnisses markiert dann einen wichtigen Punkt innerhalb der Entwicklung des Heideggerschen Denkens, nämlich den Beginn der ›Kehre‹ (s. o. 4.3.1). Fortan wird Heidegger nicht müde, die griechische Philosophie seit Platon als die erste große Epoche der Seinsvergessenheit darzustellen. Dagegen gelten ihm wichtige Vertreter der ›vorsokratischen‹ Philosophie – *Anaximander, Parmenides, Heraklit* – als Denker, die noch von der Wahrheit des Seins wußten.

Heideggers Interpretationen der griechischen Philosophie sind sämtlich höchst umstritten. (Seine Platon-Deutung in PLW hat Heidegger selbst in einem wichtigen Punkt zurückgenommen; vgl. SD 78.)Gleichwohl darf man sagen, daß die philosophiegeschichtliche Bedeutung Heideggers nicht zuletzt darin besteht, daß er einen neuen Zugang zu den klassischen Texten eröffnete und damit zugleich in exemplarischer Weise überhaupt neue Möglichkeiten einer nicht nur historiographisch interessierten Aneignung der philosophischen Tradition und der Auseinandersetzung mit ihr aufwies. (Die einschlägigen Deutungen zur griechischen Philosophie sind oben am Ende von 4.3.2 angeführt; zwei der Marburger Vorlesungen erscheinen im Herbst 1975 im Rahmen der Gesamtausgabe, s. o. 1.2.)

J. Beaufret: s. AwBibl 7, Bd. I.
H. Kuschbert-Tölle: Heideggers Ansatz beim griechischen Seinsdenken als Grundstruktur seines Denkens. In: Ph Jb 70 (1962/63) 138–146.
O. Laffoucrière: s. AwBibl 59.
W. Marx: s. AwBibl 75.
W. J. Richardson: s. AwBibl 97.
L. Weigl: Kosmos und Arche. Eine philosophische Untersuchung vom Anfang der griechischen Philosophie bis Platon. Mit einem Nachwort über die Beziehungen dieses Themas zur Existentialphilosophie M. Heideggers. Phil. Diss. Würzburg 1949.
H. Weiss: The Greek conceptions of time and being in the light of Heideggers's philosophy. In: PhPhR 2 (1941/42) 173–187.

Zu den ›Vorsokratikern‹:
P. Chiodi: Heidegger e Anassimandro: La metafisica come oblio dell'essere. In: Rivista critica di storia della filosofia 7 (1952) 161–172.
R. Goff: Saying and being with Heidegger and Parmenides. In: MaW 5 (1972) 62–78.
G. J. Seidel: s. AwBibl 111.
E. Tugendhat: »Das Sein und das Nichts«. In: Db 132–161.
G. R. Vick: Heidegger's linguistic rehabilitation of Parmenides' ›Being‹. In: APhQ 8 (1971) 139–150.

Zu Platon:
W. Hirsch: Platon und das Problem der Wahrheit. In: Db 207–234.
G. Krüger: s. AwBibl 57.
W. Rest: Platons Lehre von der Paideia. Ein pädagogischer Essay zu Martin Heideggers Platon-Deutung. In: Vjschr. f. wiss. Päd. 36 (1960) 249–261.
W. J. Richardson: Heidegger and Plato. In: The Heythrop Journal 4 (1963) 273–279.
St. Rosen: Heidegger's interpretation of Plato. In: JEx 7 (1966/67) 477–504.

Zu Aristoteles:
K.-H. Ilting: Sein als Bewegtheit. Zu Heidegger, Vom Wesen und Begriff der Physis; Aristoteles Physik B 1. In: PhRd 10 (1962) 31–49.
W.-J. Richardson: Heidegger and Aristotle. In: The Heythrop Journal 5 (1964) 58–64.
D. E. Starr: Ousia and Dasein: An ontological investigation of Aristotle and Heidegger. Phil. Diss. Boston 1972.

Von Heidegger inspirierte Aristoteles-Arbeiten:
W. Bröcker: Aristoteles, 1935, [3]1964.
E. Tugendhat: Ti Kata Tinos. Eine Untersuchung zu Struktur und Ursprung aristotelischer Grundbegriffe, 1958.
H. Weiss: Kausalität und Zufall in der Philosophie des Aristoteles, Basel 1942, Neudruck 1967.

6.3 Heidegger und Thomas von Aquin

Beim Thema ›Heidegger und Thomas von Aquin‹ (welches seinerseits den allergrößten Teil des Themenkomplexes ›Heidegger und die Scholastik‹ ausmacht) lassen sich in der Hauptsache folgende Fälle unterscheiden:

a) Thomas wird traditionalistisch gegen Heidegger ausgespielt *(Meyer).*

b) Thomasische Probleme werden aus Heideggerschen Perspektiven interpretiert und umgekehrt (die sog. ›Katholische Heidegger-Schule‹ [s. auch 6.11]: *Lotz, Müller, Rahner, Siewerth,* auch *Welte).*

c) Thomasische und Heideggersche Philosophie werden miteinander verglichen. Hier gibt es zahlreiche Detailstudien. Exponierte Positionen sind z. B. die von M. Müller, der die thomasische Lehre vom Sein durch Heideggers Seinsdenken überboten sieht, und die von J. B. Lotz, der umgekehrt die Seinsfrage bei Thomas bereits überzeugender beantwortet findet als bei Heidegger.

P. M. Engelhardt: Eine Begegnung zwischen Martin Heidegger und thomistischer Philosophie? In: Freiburger Zsch. f. Philos. u. Theol. 3 (1956) 187–196.
J. Fellermeier: Wahrheit und Existenz bei Heidegger und Thomas von Aquin. In: Salzburger Jb. f. Philos. 15/16 (1971/72) 39–70.
J. M. Hollenbach: Sein und Gewissen. Über den Ursprung der Gewissensregung. Eine Begegnung zwischen Martin Heidegger und thomistischer Philosophie, 1954.
J. Langlois: Heidegger, Max Müller et le thomisme. In: Sciences ecclésiastiques 9 (1957) 27–48.
J. B. Lotz: Das Urteil und das Sein. Eine Grundlegung der Metaphysik, 1957 [= 2. Aufl. von »Sein und Wert« 1938].
J. B. Lotz: s. AwBibl 69.
J. B. Lotz: Mensch – Zeit – Sein. Nachvollziehen einer Thematik von Heidegger bei Thomas von Aquin. In: Gregorianum 55 (1974) 238–271.
H. Meyer: Martin Heidegger und Thomas von Aquin, 1964.
M. Müller: Sein und Geist. Systematische Untersuchungen über Grundproblem und Aufbau mittelalterlicher Ontologie, 1940.

M. Müller: s. AwBibl 82.
K. Rahner: Geist in Welt. Zur Metaphysik der endlichen Erkenntnis bei Thomas von Aquin, 1939, 2. Aufl. 1957.
B. Rioux: L'être et la vérité chez Heidegger et Saint Thomas d'Aquin, Montréal, Paris 1963.
G. Siewerth: Das Sein als Gleichnis Gottes, 1958.
G. Siewerth: Das Schicksal der Metaphysik von Thomas zu Heidegger, 1959.
J. Stallmach: Seinsdenken bei Thomas von Aquin und Heidegger. In: Hochland 1 (1967/68) 1–13.
B. Welte: Rückblick auf die Metaphysik. Thomas von Aquin und Heideggers Gedanke von der Seinsgeschichte. In: WuW 22 (1967) 747–757.

6.4 Heidegger und Kant

Die im ›Kant-Buch‹ von 1929 vertretene Kant-Interpretation (s. o. 4.2.3) hat Heidegger später erheblich revidiert. In »Kants These über das Sein« und »Die Frage nach dem Ding« sowie an vielen Stellen in den meisten wichtigen Schriften wird Kant in die zweite große Phase der Seinsgeschichte eingeordnet: indem er Sein nur noch als Gegenständlichkeit denkt, dokumentiert auch er die Seinsvergessenheit der abendländischen Philosophie.

Zum Thema ›Kant und Heidegger‹ gehört die Frage nach der Stringenz der Heideggerschen Kant-Deutungen. Daneben und im Zusammenhang damit gibt es Studien, in denen Heideggers Philosophie mit derjenigen Kants verglichen bzw. auch nach dem Einfluß Kants auf Heidegger gefragt wird. (Literaturangaben zu Heideggers Kant-Deutung von 1929 s. o. 4.2.3; die folgenden ergänzenden Angaben beziehen sich hauptsächlich, aber nicht ausschließlich auf die Kant-Deutung des späten Heidegger.)

E. Coreth: Heidegger und Kant. In: Kant und die Scholastik heute, hrsg. von J. B. Lotz (1955) 207–255.
H. Declève: Heidegger et Kant, The Hague 1970.
J. E. Doherty: Sein, Mensch und Symbol. Heidegger und die Auseinandersetzung mit dem neukantianischen Symbolbegriff, 1972.
H. Hoppe: Wandlungen in der Kant-Auffassung Heideggers. In: Db 284–317.
F. Kaulbach: Die kantische Lehre von Ding und Sein in der Interpretation Heideggers. In: Kantstudien 55 (1964) 194–220.
G. F. Klenk: Heidegger und Kant. In: Gregorianum 34 (1953) 56–71.
I. Koza: Das Problem des Grundes in Heideggers Auseinandersetzung mit Kant, 1967.
W. J. Richardson: Kant and the Late Heidegger. In: Phenomenology in America, hrsg. von J. E. Edie (Chicago 1967) 125–147.

Ch. M. Sherover: Heidegger's ontology and the Copernican revolution. In: The Monist 51 (1967) 559–573.
Ch. M. Sherover: Kant's transcendental object and Heidegger's Nichts. In: JHPh 7 (1969) 413–422.
Ch. M. Sherover: Heidegger, Kant and Time, Bloomington 1971.

6.5 Heidegger und der deutsche Idealismus

Eines der wichtigsten Desiderate künftiger Heidegger-Forschung ist eine Aufarbeitung der Beziehungen zwischen dem Heideggerschen Denken und der klassischen idealistischen Philosophie, nimmt doch die Auseinandersetzung mit dem deutschen Idealismus einen höchst bedeutsamen Platz in Heideggers Gesamtwerk ein. In zahlreichen Vorlesungen und Seminaren befaßte sich Heidegger vor allem mit *Hegel*, aber auch mit *Schelling*, weniger mit *Fichte*. Ähnlich steht es mit den gedruckten Äußerungen. Bereits in ›Sein und Zeit‹ gab es eine kurze Hegel-Deutung (vgl. § 82; Heidegger warf hier Hegel Nivellierung der Zeitproblematik – sozusagen Zeitvergessenheit – vor). Einschlägige Hegel-Interpretationen des späten Heidegger sind dann: »Hegels Begriff der Erfahrung« (in HW), »Hegel und die Griechen« (in WM), »Identität und Differenz« (bes. 37 ff.; vgl. auch das »Protokoll zu einem Seminar über den Vortrag ›Zeit und Sein‹, in SD 51 ff.). Eine zusammenhängende Veröffentlichung über Schelling (Text einer Vorlesung von 1936) erschien erst 1971 (Nr. 61). Zu Fichte liegt bisher nichts vor.

Auch die Philosophie des deutschen Idealismus verfällt – trotz aller Größe, die Heidegger ihr zubilligt – dem seinsgeschichtlichen Verdikt; denn auch sie stellt in Heideggers Sicht letztlich nichts anderes als eine Vertiefung der abendländischen Seinsvergessenheit dar. Dies gilt vor allem für Hegels System.

Neben der Frage nach der Stringenz der Heideggerschen Interpretationen interessiert vor allem das Verhältnis zwischen Heideggers eigener philosophischer Position und dem idealistischen Denken. Hier hat man Analogien zwischen Heidegger und Hegel gesehen, etwa zwischen »Sein und Zeit« einerseits und der »Phänomenologie des Geistes« andererseits, sogar zwischen Heideggers Kehre auf der einen und Hegels Entwicklung von der »Phänomenologie« zur »Logik« auf der anderen Seite (van der Meulen). Als eine der wichtigsten von Heidegger beeinflußten Hegel-Deutungen darf H. *Marcuses* Untersuchung »Hegels Ontologie und die Grundlegung einer Theorie der Geschichtlichkeit« (1932, 2. Aufl. 1968) nicht unerwähnt bleiben.

Freilich: ob für einen Vergleich des Heideggerschen Denkens mit idealistischen Positionen Hegel so eindeutig der Vorrang zukommt, wie es die bisherige Literatur zumindest ihrer Quantität nach nahelegt, oder ob nicht Schelling mindestens genauso relevant ist, ist noch nicht ausgemacht. (Vom Hörensagen ist bekannt, daß sich Schellings Philosophie in den 30er Jahren in der Tat großer Wertschätzung von seiten Heideggers erfreute; einem Ondit zufolge soll damals im Freiburger philosophischen Seminar sogar ein Konterfei Kants von der Wand genommen und durch ein Schellingsches ersetzt worden sein.) Bisher gibt es zum Thema ›Heidegger und Schelling‹ vor allem die bedeutenden Arbeiten von W. *Schulz,* der zwischen den beiden Philosophen besonders hinsichtlich der Subjektivitätsproblematik Kontinuitäten und Analogien sieht. Weitere Identitäten und Affinitäten zwischen Heideggerianern und Schellingianern sind zwar durchaus vorhanden, meist aber eher informell und unterschwellig. Erwähnt werden mögen noch die den Einfluß Heideggers nicht verleugnenden Dissertationen von J. *Habermas* (»Das Absolute und die Geschichte. Von der Zwiespältigkeit in Schellings Denken«, 1954) und W. *Wieland* (»Schellings Lehre von der Zeit. Grundlagen und Voraussetzungen der Weltalterphilosophie«, 1956).

Ganz sporadisch nur finden sich in der bisherigen Literatur Hinweise zu strukturellen Analogien zwischen dem Existenzialismus (womit freilich primär Sartre, sekundär aber auch der frühe Heidegger gemeint ist) und dem frühen Fichte (Mougin) oder auch zwischen Heideggers Theorie der Seinsgeschichte und Fichtes »Grundzügen des gegenwärtigen Zeitalters« von 1804/05 (so beiläufig G. Rohrmoser: Anläßlich Heideggers Nietzsche [s. u. 6.7], S. 47).

Zu Hegel:

J. Beaufret: Hegel et la proposition spéculative. In: s. AwBibl 7, Bd. II, 110–142.

H. Birault: L'onto-théologique hegelienne et la dialectique. In: TPh 20 (1958) 646–723.

E. Coreth: Das fundamentalontologische Problem bei Heidegger und Hegel. In: Scholastik 29 (1954) 1–23.

I. Dubsky: Bemerkungen zum Problem der Zeit bei Hegel und Heidegger. In: Hegeljahrbuch 1 (1961) 73–84.

H.-G. Gadamer: Anmerkungen zu dem Thema »Hegel und Heidegger«. In: Natur und Geschichte. K. Löwith zum 70. Geburtstag (1967) 123–131.

J. van der Meulen: s. AwBibl 79.

K. Nadler: Die systematische Entwicklung des »Grundes« in Hegels und Heideggers Philosophie. In: De Idee (Amsterdam 1933) 3–37.
O. Pugliese: s. AwBibl 95.
W. Schulz: Hegel und das Problem der Aufhebung der Metaphysik. In: s. AwBibl 133, S. 67–92.
P. Ch. Smith: Heidegger, Hegel, and the Problem of Nichts. In: International Philosophical Quarterly 8 (1968) 379–405.
J. L. Springer: Hegel's phänomenologie en Heidegger's ontologie. In: Nederlands theologisch Tijdschrift 17 (1962/63) 241–273.
J. Taminiaux: Dialectique et différence. In: Db 318–330.
H. Trivers: Heidegger's Misinterpretation of Hegel's Views on Spirit and Time. In: PhPhR 3 (1942/43) 162–168.
A. de Waelhens: Identité et différence: Heidegger et Hegel. In: RIPh 14 (1960) 221–237.
W. H. Werkmeister: Hegel and Heidegger. In: New Studies in Hegel's Philosophy, hrsg. von W. E. Steinkraus (New York, Toronto 1971) 142–155.
(Vgl. auch die Zusammenfassung eines Referates von *J. Beaufret* zum Thema ›Heidegger und Hegel‹ im Protokoll zu einem Seminar über den Vortrag ›Zeit und Sein‹ in: Heideggers »Zur Sache des Denkens« 51–53.)

Zu Schelling:
M. Beck: Kritik der Schelling-, Jaspers-, Heideggerschen Ontologie. In: Philosophische Hefte (Prag 1934) 97–164.
W. Schulz: s. AwBibl 109 und unter **6.1.**

Zu Fichte:
H. Mougin: La sainte famille existentialiste, Paris 1947.
J. Vuillemin: L'héritage Kantien et la révolution copernicienne. Fichte – Cohen – Heidegger, Paris 1954.

6.6 *Heidegger und der Marxismus*

Im folgenden werden unter ›Marxismus‹ der Einfachheit halber auch solche Positionen subsumiert, die dem Marxismus ›nur‹nahestehen, ohne daß sie als i. e. S. marxistisch bezeichnet werden könnten.

Beim Thema ›Heidegger und der Marxismus‹ (das nicht gänzlich, aber doch zu erheblichen Teilen in das umfassende Thema ›Existenzialismus und Marxismus‹ gehört) hat man es in der Hauptsache mit drei Komplexen zu tun: a) mit Heideggers eigenen Äußerungen zu Marx und zum Marxismus, b) mit marxistischer Heidegger-Kritik und c) mit marxistischen Heidegger-Rezeptionen (sog. ›Heidegger-Marxismus‹).

a) Es gibt nur wenige Stellen, an denen Heidegger sich zu Marx bzw. zum Marxismus geäußert hat, und zwar durchaus mit der Quintessenz: der Marxismus (Kommunismus) treibt konsequent – vielleicht am konsequentesten – die Herrschaft des Menschen über alles Seiende voran. Ganz eindeutig ist diese Einschätzung in der »Einführung in die Metaphysik« von 1935 (vgl. 28 f., 35–37). Im Brief »Über den Humanismus« gibt es dann jedoch eine (vielzitierte und -diskutierte) Stelle, mit dem Kernsatz: »Weil Marx, indem er die Entfremdung erfährt, in eine wesentliche Dimension der Geschichte hineinreicht, deshalb ist die marxistische Anschauung von der Geschichte der übrigen Historie überlegen.« (Hum 27; in der ersten Auflage von 1947 hieß es noch »... *aller* übrigen Historie überlegen« [Hervorhebung von mir, W. F.]!) Indiziert dieser Satz – wie mancher gemeint hat – ein ›positives‹ Verhältnis Heideggers zum Marxismus, gar Affinität zwischen beiden? (Vgl. den detaillierten Deutungsversuch von G. Petrović: Der Spruch des Heidegger.) Eher darf man folgendes annehmen: da der Brief »Über den Humanismus« an einen Franzosen (Jean Beaufret) gerichtet war, in Frankreich aber gerade in den Jahren nach 1945 die Diskussion über den Marxismus (und dessen Verhältnis zum Existenzialismus) eine große Rolle spielte, konnte Heidegger zu diesem Thema nicht völlig schweigen. Er mußte Marx und dem Marxismus eine gewisse Bedeutung zubilligen. Die dem zitierten Satz folgende Passage (Hum 27 f.) zeigt aber, daß Heidegger diese Bedeutung vor allem in der Konsequenz in Sachen Technik und Seinsverlassenheit sah – eine Einschätzung, die von der Heideggerschen Beurteilung des Nationalsozialismus etwa seit den späten 30er Jahren gar nicht so weit entfernt ist! (Vgl. oben das fünfte Kapitel und die dort angeführte Untersuchung von A. Schwan.) Später hat Heidegger denn auch – freilich nur beiläufig – die berühmte elfte Feuerbach-These von Marx (»Die Philosophen haben die Welt nur verschieden interpretiert; es kömmt darauf an, sie zu verändern«) kritisiert (vgl. Kants These über das Sein, S. 6 und ZDF-Interview [Nr. 59], S. 68 f.).

b) Im offiziellen, an den kommunistischen Parteien orientierten Marxismus ist Heidegger durchweg scharf kritisiert worden; seine Philosophie wurde und wird als kleinbürgerlicher Irrationalismus und Subjektivismus verurteilt. Es ist klar, daß dabei der Faschismus-Vorwurf eine besondere Rolle spielt. Repräsentativ ist hier vor allem die Kritik von G. *Lukács* (der freilich seinerseits mit der offiziellen Parteilinie mehrfach in Konflikt geriet; zum Thema ›Heidegger und Lukács‹ s. o. die Bemerkung am Schluß von 4.1 sowie vor allem L. *Goldmann*); weitere Beispiele sind *Beyer*, *Heise*, *Mende*, *Michailow* und – stellvertretend für zahlreiche Passagen dieser Art in Handbüchern, Lexika, Philosophiegeschichten – der Band »Die deutsche Philosophie nach 1945«. Die sporadische, meist bissige Heidegger-Kritik des unorthodoxen Marxisten E. *Bloch* (vgl. »Das Prinzip Hoffnung«, 3 Bde., Sonderausgabe 1968, S. 79, 118 f., 123 f., 1366, 1605, auch schon »Erbschaft dieser Zeit«, erweiterte Ausgabe 1962, S. 280, 307) mag noch genauso erwähnt werden wie die ausgiebige Heidegger-Kritik des Kritischen Theoretikers Th. W. *Adorno* (s. AwBibl 1 und »Negative Dialektik«, 1966). (Allerdings kann man auch zumindest *fragen*, ob es nicht gewisse, vielleicht sogar starke Affinitäten zwischen Adorno und Heidegger gibt; dies meint z. B. G. Rohrmoser: Das Elend der kritischen Theorie, 1970, 37 f., 49 f.)

c) Heidegger-Rezeptionen gab es und gibt es hauptsächlich am Rande oder außerhalb des ›offiziellen‹ Marxismus. Das nach wie vor berühmteste Beispiel ist wohl der junge Herbert *Marcuse*, der Ende der 20er und Anfang der 30er Jahre eine Art Synthese zwischen Heideggers Existentialontologie und dem historischen Materialismus anvisierte (vgl. dazu A. Schmidt: Existential-Ontologie und historischer Materialismus bei Herbert Marcuse. In: Antworten auf Herbert Marcuse, hrsg. von J. Habermas, 1968, 17–49). Schon 1934 sah Marcuse dann allerdings die ganze Problematik der Heideggerschen Position im Kontext der Vorgeschichte des Nationalsozialismus (vgl. »Der Kampf gegen den Liberalismus in der totalitäten Staatsauffassung«, neu in: H. M.: Kultur und Gesellschaft I, 8. Aufl. 1965, 17–55). Dennoch sind auch beim späten Marcuse zumindest gewisse Analogien zu Heidegger – insbesondere zu dessen Technik-Kritik – nicht zu verkennen. (Vgl. »Der eindimensionale Mensch«, 1967; dazu R. Maurer: Der angewandte Heidegger. Herbert Marcuse und das akademische Proletariat. In: PhJb 77 [1970] 238–259. Auf Marcuses Verhältnis zu Heidegger wird häufig eingegangen in der – orthodox marxistisch orientierten – Untersuchung von R. Steigerwald: Herbert Marcuses dritter Weg, 1969.)

Zu erwähnen sind dann weiter gewisse Eindrücke, die Heidegger nach dem Kriege hier und da zumal in französischen Marxismus-Diskussion hinterließ (repräsentativ: K. *Axelos*; mit starken Einschränkungen gehört auch L. *Goldmann* hierher). Von großem Interesse ist dann schließlich die Heidegger- (übrigens auch Husserl-)Rezeption in den (offiziell als revisionistisch eingestuften) Versuchen einer Öffnung der marxistischen Theorie im Zuge der Bemühungen um einen ›Demokratischen Sozialismus‹ in der CSSR *(Kosík, Patočka)* und in Jugoslawien (sog. ›Praxis-Gruppe‹: *Petrović* u. a.). Hier wird vor allem die Lukácssche Heidegger-Kritik ihrerseits in Frage gestellt. Diese Entwicklung wurde allerdings mehr oder weniger unterbrochen: 1968 in der CSSR, wo Kosík neuerdings den größten Repressionen ausgesetzt ist, inzwischen z. T. auch in Jugoslawien, wo die Zeitschrift ›Praxis‹ 1975 ihr Erscheinen einstellen mußte. (Zu Sartre, den man mit gewissem Recht gleichfalls in diesem Abschnitt nennen könnte, s. u. 6.10.)

K. Axelos: Einführung in ein künftiges Denken. Über Marx und Heidegger, 1966.

K. Axelos: Karl Marx et Heidegger. In: K. A.: Arguments d'une recherche, Paris 1969, 93–107.

J. Beaufret: Le »dialogue avec le marxisme« et la »question de la technique«. In: s. AwBibl 7, Bd. II, 143–181.

W. R. Beyer: Tendenzen bundesdeutscher Marxbeschäftigung, 1968.

W. R. Beyer: s. AwBibl 8.

Die deutsche Philosophie nach 1954. Im Auftrag d. Inst. f. Philos. d. Ak. d. Wiss. d. UdSSR, dt. Bearbeitung *K. Zweiling,* 1961 (Unser Weltbild Bd. 19).

R. T. de George: Heidegger and the marxists. In: Studies in Soviet Thought 5 (1965) 289–298.

L. Goldmann: Lukács und Heidegger, 1975.

W. Heise: Aufbruch in die Illusion. Zur Kritik der bürgerlichen Philosophie in Deutschland, 1964.

S. Ijsseling: Heidegger en Marx. In: Ph 28 (1966) 264–275.

K. Kosík: Die Dialektik des Konkreten. Eine Studie zur Problematik des Menschen in der Welt, 1967.

G. Lukács: s. AwBibl 70 und 71.

H. Marcuse: Beiträge zu einer Phänomenologie des Historischen Materialismus. In: Philosophische Hefte 1 (1928) 45–68.

H. Marcuse: Über konkrete Philosophie. In: Archiv f. Sozialwiss. u. Sozialpolitik 62 (1929) 111–128.

H. Marcuse: Hegels Ontologie und die Grundlegung einer Theorie der Geschichtlichkeit, 1932, Neudruck 1968.

G. Mende: s. AwBibl 77.

A. Metzger: Existentialismus und Sozialismus. Der Dialog des Zeitalters, 1968.

A. Michailow: Martin Heidegger und seine »Kehre«. Phil. Diss. Jena 1966.

J. Patočka: Heidegger vom anderen Ufer. In: Db 394–411.

G. Petrović: Der Spruch des Heidegger. In: Db 412–436.

G. Petrović (Hrsg.): Revolutionäre Praxis. Jugoslawischer Marxismus der Gegenwart, 1969.

A. Schwan: s. AwBibl 110.

Tran-Duc-Thao: Existentialisme et matérialisme. In: RevMM 54 (1949) 317–329.

6.7 Heidegger und Nietzsche

In Heideggers Sicht ist Nietzsche der große Vollender der abendländischen Metaphysik, ihrer Seinsvergessenheit, ihres Nihilismus' (vgl. i. e. L. die beiden Nietzsche-Bände sowie je einen Aufsatz in HW und VA). Die Frage, ob diese Deutung wirklich der Philosophie Nietzsches gerecht wird, beschäftigt den weitaus größten Teil der Literatur zum Thema ›Heidegger und Nietzsche‹. Es wird aber natürlich auch danach gefragt, wieweit Heidegger für seine eigene Position Nietzsche rezipiert hat, ob er nicht in mancher Hinsicht zur selben ›Linie‹ gehört wie Nietzsche, ob beispielsweise nicht Nietzsches Platonismus-Kritik gerade als einer der wichtigsten Anstöße für Heideggers Kritik der abendländischen Philosophie zu werten ist.

F. Assaad-Mikhail: Heidegger interprète de Nietzsche. In: RevMM 73 (1968) 16–55.

J. Beaufret: Heidegger et Nietzsche: Le concept de valeur. – Note sur le rapport des deux »paroles fondamentales« de Nietzsche. Beide in: s. AwBibl 7, Bd. II, 182–200, 201–224.

D. G. Hayes: Nietzsche's eternal recurrence: a prelude to Heidegger. In: JEx 6 (1965/66) 189–196.

E. Heftrich: Nietzsche im Denken Heideggers. In: Db 331–349.

R. L. Howey: Heidegger and Jaspers on Nietzsche, The Hague 1973.

D. F. Krell: Nietzsche and the task of thinking: Martin Heideggers reading of Nietzsche. Phil. Diss. Pittsburgh 1971.

O. *Laffoucrière:* s. AwBibl 59.

F. Leist: Heidegger und Nietzsche. In: PhJb 70 (1962/63) 363–394.

K. Löwith: s. AwBibl 65.

K. Löwith: Heideggers Vorlesungen über Nietzsche. In: Merkur 16 (1962) 72–83.

B. Magnus: Heidegger's metahistory of philosophy: Amor fati, being and truth, The Hague 1970.

J. Möller: Nietzsche und die Metaphysik. Zu Heideggers Nietzscheinterpretation. In: Theologische Quartalschrift 142 (1962) 283–309

J. Paumen: Heidegger et le thème nietzschéen de la mort de Dieu. In: RIPh 14 (1960) 238–262.

G. Rohrmoser: Anläßlich Heideggers Nietzsche. In: Neue Zschr. f. systematische Theol. 6 (1964) 35–50.

R. Schottländer: Heideggers Nietzsche-Buch. In: DZPh 11 (1963) 865–874.

J. Vande Wiele: Heidegger et Nietzsche. In: Revue Philosophique de Louvain 66 (1968) 435–486.

6.8 Heidegger und Husserl

Im folgenden werden Hinweise zu zwei Aspekten gegeben: a) zu Husserls Einfluß auf Heidegger und b) zum Verhältnis der philosophischen Positionen Husserls und Heideggers zueinander.

a) Die große Bedeutung von Edmund Husserl für Heideggers Entwicklung wurde bereits im Abschnitt 4.1 herausgestellt. Heidegger hat selbst das Wichtigste dazu gesagt (vgl. »Mein Weg in die Phänomenologie« in SD, auch den Brief an Richardson [Nr. 51]). »Sein und Zeit« war Edmund Husserl gewidmet (vgl. auch die Anmerkung SuZ 38), und die darin vertretene Position verstand sich durchaus als phänomenologisch orientiert (und zwar auch ausdrücklich: vgl. die Definition der Philosophie als »phänomenologische Ontologie« SuZ 38, auch 27, 35, 37; auch im Theologie-Vortrag von 1927 [Nr. 58] firmiert Heideggers eigene Position als ›Phänomenologie‹). In der philosophischen Öffentlichkeit wurde Heidegger gleichfalls meist als Phänomenologe verstanden (vgl. z. B. Misch [AwBibl 80] oder H. Marcuse [s. o. 6.6]; übrigens gab Heidegger noch 1928 Husserls »Vorlesungen zur Phänomenologie des inneren Zeitbewußtseins« heraus). Allerdings darf nicht übersehen werden, daß Heidegger den Husserlschen Begriff von Phänomenologie stark modifizierte (vgl. SuZ § 7) und daß er sich in vielen entscheidenden Punkten von Husserl absetzte. Die Gründe dafür hat er selbst im Brief an Richardson (Nr. 51, vgl. auch SD 47 f.) angedeutet. Manche Passagen in »Sein und Zeit« müssen sogar als deutliche Kritik an Husserl aufgefaßt werden (ohne daß freilich dessen Name genannt würde). Dies gilt insbesondere für das Wahrheitskapitel (SuZ § 44), wo Heidegger übrigens auch die Psychologismus-Kritik, in der er sich früher mit Husserl einig wußte, teilweise zurücknimmt (vgl. 217). Andeutungsweise werden die Differenzen zu Husserl auch in Heideggers brieflichen Anmerkungen zum Husserlschen Entwurf eines ›Phänomenologie‹-Artikels für die Encyclopaedia Britannica sichtbar (s. Nr. 63; dazu Biemels Aufsatz). Husserl hat seinerseits »Sein und Zeit« als regionale Ontologie des Geschichtlichen aufgefaßt, Heideggers Position aber letztlich doch als Abweichung von der wahren phänomenologischen Lehre, als Rückfall in Psychologismus und Historismus betrachtet. (Dies wird z. B. – übrigens gleichfalls ohne Namensnennung – deutlich in seinem 1931 gehaltenen, 1941 posthum veröffentlichten Vortrag »Phänomenologie und Anthropologie« in: PhPhR 2 [1941/42] 1–14.) Andererseits kann man aber auch fragen, ob die Arbeiten des späten Husserl (vgl. bes. »Die Krisis der europäischen Wissenschaften und die Transzendentale Phänomenologie«, Den Haag 1954), also die Arbeiten des Lebenswelttheoretikers, dem sich nun auch geschichtliche und geschichtsphilosophische Perspektiven eröffnen, nicht gerade durch Heidegger wesentlich beeinflußt sind. Es bleibt freilich ein gravierender Unterschied: Husserl hält hartnäckig an jener europäischen Idee der Vernunft fest, die bei Heidegger – zum Teil schon beim frühen, erst recht beim späten (der ja die Phänomenologie weit hinter sich läßt) – grundsätzlich in Frage gestellt wird.

b) Zahlreiche Studien versuchen, Gemeinsamkeiten und Differenzen der philosophischen Positionen Husserls und Heideggers herauszuarbeiten, wobei sich Themen wie ›Wahrheit‹ und ›Zeit‹ besonders anbieten. ›Von Husserl zu Heidegger‹: dies bleibt eine bedeutsame Perspektive der Philosophiegeschichtsschreibung des 20. Jahrhunderts.

J. Beaufret: Husserl et Heidegger. In: s. AwBibl 7, Bd. III, 108–154.

W. Biemel: Husserls Encyclopaedia-Britannica-Artikel und Heideggers Anmerkungen dazu. In: TPh 12 (1950) 246–280.

W. Brüning: La filosofia de la historia en Husserl y Heidegger. In: Humanitas 7 (1959) 65–78.

E. Fink: Welt und Geschichte. In: Husserl et la pensée moderne. Husserl und das Denken der Neuzeit. Actes du deuxième Colloque International de Phénoménologie, hrsg. von H. L. van Breda u. J. Taminiaux, Den Haag 1959, 143–159.

H. Folwart: Kant, Husserl, Heidegger. Kritizismus, Phänomenologie, Existentialontologie, 1936.

G. Granel: Remarques sur les rapport de Sein und Zeit et de la phénoménologie husserlienne. In: Db 350–368.

F. W. von Herrmann: Lebenswelt und In-der-Welt-sein. In: s. AwBibl 44, S. 44–65.

J. Kraft: s. AwBibl 55.

L. Landgrebe: s. AwBibl 60.

E. Levinas: s. AwBibl 62.

P. Merlan: Time consciousness in Husserl and Heidegger. In: PhPhR 8 (1947/48) 23–54.

G. Misch: s. AwBibl 80.

M. Müller: Phänomenologie, Ontologie und Scholastik. In: s. AwBibl 82, S. 95–117.

S. Passweg: Phänomenologie und Ontologie. Husserl – Scheler – Heidegger, Zürich 1939.

Y. Picard: Le temps chez Husserl et Heidegger. In: Deucalion 1 (1946) 95–124.

M. A. Presas: Von der Phänomenologie zum Denken des Seins. In: ZphF 28 (1974) 180–200.

E. Przywara: Husserl et Heidegger. In: Les Etudes Philosophiques, N. S. 16 (1961) 55–62.

W. J. Richardson: s. AwBibl 97, 98.
R. L. Schacht: Husserlian and Heideggerian phenomenology. In: Philosophical Studies 23 (1972) 293–314.
F. J. Smith: Being and subjectivity: Heidegger and Husserl. In: Phenomenology in perspective, hrsg. v. F. J. Smith, The Hague 1970, 122–156.
H. Spiegelberg: s. AwBibl 113.
M. Theunissen: Intentionaler Gegenstand und ontologische Differenz. Ansätze zur Fragestellung Heideggers in der Phänomenologie Husserls. In: PhJb 70 (1962/63) 344–362.
M. Theunissen: Der Andere. Studien zur Sozialontologie der Gegenwart, 1965.
E. Trépanier: Phénoménologie et ontologie; Husserl et Heidegger. In: Laval Théologique et Philosophique 28 (1972) 249–267.
E. Tugendhat: s. AwBibl 122.
A. de Waelhens: Phénomémologie et vérité. Essai sur l'évolution de l'idée de vérité chez Husserl et Heidegger, Paris 1953.

6.9 Heidegger und Wittgenstein

Der Normalfall im Verhältnis zwischen Heidegger und seiner Schule auf der einen Seite und der vor allem in den angelsächsischen Ländern etablierten analytischen Philosophie (im weitesten Sinne) auf der anderen Seite war bis vor kurzem, daß man sich wechselseitig nicht zur Kenntnis nahm. Teilweise gab es auch polemische Kritik der einen ›Fraktion‹ an der anderen. Berühmt ist R. *Carnaps* Aufsatz »Überwindung der Metaphysik durch logische Analyse der Sprache« (in: Erkenntnis 2 [1932] 219–241), in dem Heideggersche Sätze (aus WiM) als Musterbeispiele zur Illustration des Sinnlosigkeitsverdachts gegen alle Metaphysik dienten. Insgesamt stand die analytische Philosophie Fragen wie der nach dem Sein lange Zeit sehr kritisch gegenüber.

Vgl. auch die – allerdings sehr moderierte – Kritik auf den letzten Seiten des Heidegger-Kapitels bei Stegmüller (AwBibl 114). Zur ganzen Problematik vgl. E. Tugendhat: Die sprachanalytische Kritik der Ontologie. In: Das Problem der Sprache, hrsg. von H.-G. Gadamer, 1967, 483–493, und F. Inciarte: Sinnlosigkeit und Sein. Zur positivistischen Metaphysikkritik. In: PhJb 79 [1972] 320–334. Eine frühe Ausnahme von der Gegnerschaft bzw. Gleichgültigkeit der Analytiker gegenüber Heidegger ist G. *Ryles* Rezension von »Sein und Zeit« in: Mind 38 [1929] 355–370.

Heidegger selbst hat einmal von seinem eigenen Standpunkt und demjenigen Carnaps als den »äußersten Gegenpositionen« der heutigen Philosophie gesprochen (Nr. 58, S. 39). Daß aus seiner Sicht die analytische Philosophie, als zum Kontext moderner Wissenschaft und Technik gehörig, nur den gegenwärtigen Stand der abendländischen Seinsvergessenheit dokumentiert, ist ohnehin klar. Zu Wittgenstein gibt es allerdings keine Äußerungen, umgekehrt auch keine über Heidegger von Wittgenstein – symptomatisch für die Konsequenz im wechselseitigen Ignorieren.

Neuerdings sind die ›Fronten‹ jedoch ins Wanken geraten, was sicherlich zu den interessantesten Entwicklungen in Sachen Rezeptions- und Wirkungsgeschichte des Heideggerschen Denkens gehört.

Jene Fälle von existenzialisierenden Wittgensteindeutungen freilich, die insbesondere in den letzten Passagen des »Tractatus logico-philosophicus« Affinität zu existenzialistischen Positionen glaubten ausmachen zu können (vgl. z. B. die Beiträge von Bachmann, Mora, Heller in: Wittgenstein: Schriften. Beiheft, 1960) müssen als nicht mehr aktuell angesehen werden; vgl. bereits die Kritik von H. Lübbe: Wittgenstein – ein Existenzialist? In: PhJb 69 (1962) 313–324.

Im Zusammenhang mit den Bemühungen um eine Überwindung der starren Konfrontation zwischen Hermeneutikern und Analytikern sowie im Zuge der neuesten Heidegger-Rezeption in den englischsprechenden Ländern (zumal in den USA, s. u. 6.17) sieht man, wenn man Heidegger mit Wittgenstein vergleicht, nicht mehr ausschließlich Unterschiede, sondern auch ähnliche Problemstellungen, z. T. sogar analoge Problemlösungen. Bahnbrechend waren hier insbesondere die Arbeiten von K.-O. *Apel.* (Dessen Sichtweise setzt mehr oder weniger eine – nicht unumstrittene – transzendentalphilosophische Deutung Wittgensteins voraus, wie sie exemplarisch E. Stenius [»Wittgensteins Traktat. Eine kritische Darlegung seiner Hauptgedanken«, 1969] durchgeführt hat.) Parallelen sieht Apel und sehen andere z. B. zwischen Heideggers Hermeneutik des alltäglichen In-der-Welt-seins und Wittgensteins Analyse der alltäglichen Sprachspiele oder zwischen Heideggers ontologischer Differenz und Wittgensteins Unterscheidung zwischen dem, was sich sagen läßt, und dem, was sich nur zeigt, oder auch zwischen Heideggers Kritik der traditionellen Vorhandenheitsontologie und Wittgensteins Kritik an der traditionellen Sprachlogik und am Bezeichnungsmodell der Sprache. Überhaupt sind es vor allem die Dimensionen von Sprache und Sinn, in denen sich – jedenfalls nach der Meinung vieler Interpreten – Heideggers und Wittgensteins Philosophie treffen.

Auf einer ganz anderen Linie liegen die überraschenden Ähnlichkeiten, die jüngst O. Marquard zwischen dem neueren Positivismus (Wiener Kreis etc., auch Wittgenstein) einerseits und dem – von ihm gleichfalls als ›positive Philosophie‹ gedeuteten – Denken Heideggers andererseits entdeckt hat; vgl.: Über positive und negative Philosophien, Analytiken und Dialektiken, Beamte und Ironiker und einige damit zusammenhängende Gegenstände. In: Positionen der Negativität, hrsg. von H. Weinrich, 1975, 177–199, hier 191 ff.

K.-O. Apel: Wittgenstein und Heidegger. Die Frage nach dem Sinn von Sein und der Sinnlosigkeitsverdacht gegen alle Metaphysik [zuerst 1967]. In: s. AwBibl 93, S. 358–397.

K.-O. Apel: Wittgenstein und Heidegger. Die Frage nach dem Sinn und das Problem der »Geisteswissenschaften«. In: PhJb 72 (1965) 239–289.

K.-O. Apel: s. AwBibl 4.

L. Behl: Wittgenstein und Heidegger. In: Duns Scotus Philosophical Association 27 (1963) 70–115.

P. Chiodi: Essere e linguaggio in Heidegger e nel ›Tractatus‹ di Wittgenstein. In: Rivista di filosofia 46 (1955) 170–191.

S. A. Erickson: Meaning and language. In: MaW 1 (1968) 563–586.

T. A. Fay: Heidegger on logic: an encounter of his thought with Wittgenstein. Diss. New York 1971.

T. A. Fay: Early Heidegger and Wittgenstein on World. In: Philosophical Studies 21 (1973) 161–171.

R. Goff: Wittgenstein's tools and Heidegger's implements. In: MaW 1 (1968) 447–462.

K. Harries: Wittgenstein and Heidegger: the relationship of the philosopher to language. In: The Journal of Value Inquiry 2 (1968) 281–291.

I. Horgby: The double awareness in Heidegger and Wittgenstein. In: Inquiry 2 (1959) 235–264.

P. McCormick, E. Schaper, J. M. Heaton: Symposium on Saying and Showing in Heidegger and Wittgenstein. In: JBSPh 3 (1972) 27–35, 36–41, 42–45.

K. Prange: Heidegger und die sprachanalytische Philosophie. In: PhJb 79 (1972) 39–56.

G. F. Sefler: Language and the World. A methodological Synthesis within the Writings of Martin Heidegger and Ludwig Wittgenstein, Atlantic Highlands 1974.

6.10 Heidegger und der Existenzialismus

Der Begriff ›Existenzialismus‹ wird hier im weitesten Sinne gebraucht; danach bezeichnet er jene philosophische Strömung, die seit den 20er Jahren bis in die 50er und 60er Jahre hinein eine der stärksten ›Fraktionen‹ in der Philosophie Westeuropas (besonders Deutschlands und Frankreichs) darstellte, darüber hinaus auch in anderen Bereichen (z. B. Theologie und Literatur) von beträchtlicher Bedeutung war und mancherorts sogar, wie im Paris der 40er und 50er Jahre, Lebensgefühl und Lebensstil eines großen Teils der damaligen Intellektuellengeneration bestimmte (Existenzialisten-Szene von St. Germain etc.). Fragt man freilich nach einem gemeinsamen Nenner, so bleiben im Grunde nur zwei Punkte: die Berufung auf bzw. Beeinflussung durch gleiche oder verwandte philosophische Vorfahren (bes. Kierkegaard, auch Nietzsche und einige andere, in Frankreich z. B. Pascal) sowie die zentrale Problematik menschlicher Existenzgefährdung, wobei die gegen die traditionelle Wesensphilosophie gerichtete Überzeugung, daß die Existenz der Essenz vorangehe (so Sartres Formel), weitgehend maßgeblich ist. Ansonsten aber gibt es nur verschiedene existenzialistische Richtungen, die keineswegs nur in Beeinflussungs- oder Parallelitäts-, sondern durchaus auch in Oppositionsbeziehungen zueinanderstehen (z. B. der atheistische Sartre und der christliche Marcel) und für die z. T. auch unterschiedliche terminologische Zuweisungen reklamiert werden (›Existenzphilosophie‹ für Jaspers, ›Existenzial-‹ bzw. ›Existential-Philosophie‹ für Heidegger, ›Existenzialismus‹ bzw. ›Existentialismus‹ für Sartre). Im folgenden werden Hinweise zu drei Punkten gegeben: a) Heidegger – ein Existenzialist? b) Heidegger und Sartre, c) Heidegger und andere Vertreter des Existenzialismus.

a) Heidegger hat bereits seit den 30er Jahren jede Zugehörigkeit zum Existenzialismus bzw. zur Existenzphilosophie in Abrede gestellt, und zwar gerade auch im Hinblick auf die in »Sein und Zeit« vertretene Position. Seine (Heideggers) Frage – so heißt es 1937 in einem Brief an Jean Wahl (Nr. 64) – sei nicht die nach der Existenz des Menschen, sondern die nach dem Sein. Im Brief »Über den Humanismus« (vgl. 17 f.) versucht Heidegger sich dann in aller Deutlichkeit vom Existenzialismus (besonders dem Sartreschen) abzusetzen: der Satz vom Primat der Existenz vor der Essenz bleibe als Umkehrung eines metaphysischen Satzes selbst ein metaphysischer Satz und verharre so in der Vergessenheit der Wahrheit des Seins (Hum 17). Vor allem aber habe sein (Heideggers) eigener Satz »Das ›Wesen‹ des Daseins liegt in seiner Existenz« (SuZ 42, zitiert Hum 15) mit jenem Sartreschen Satz nichts zu tun (Hum 18). Entsprechend hat Heidegger mehrfach (z. B. Hum 13, 15, 16, 19, WiM–E 14 ff.) den Existenzbegriff von »Sein und Zeit« im Sinne von Ek-sistenz (Ausgesetztsein) neu zu deuten versucht (vgl. auch die historischen Hinweise zum Existenzbegriff N II 473–480). (Max Müller, der Heidegger in diesem Bemühen unterstützt, spricht sogar von »Ek-sistenz-Philosophie«, AwBibl 82, S. 55, vgl. insgesamt Abschn. B I 7, S. 52–62.) Nicht genug damit: der Existenzialismus wird dann von Heidegger für die Mißdeutung der Frage nach dem Sein mitverantwortlich gemacht (vgl. EiM 155 [spätere Hinzufügung] und gelegentlich sogar als – neben der Logistik – wirksamster Ableger der ungebrochenen Macht des neuzeitlichen Denkens apostrophiert (VA 234). Indessen ist gegenüber Heideggers Selbstdeutung Skepsis am Platze (s. o. 4.4). Der Sinn von Begriffen wie ›Dasein‹ und ›Existenz‹ dürfte von Sartres Position keineswegs so weit entfernt sein (s. o. 4.2.2, S. 40 f.). Und bezeichnen Themenkomplexe wie Sorge, Angst, Entschlossenheit, Gewissen, Schuld, Tod u. a. m. nicht genuine existenzphilosophische Motive? (Zu diesem Streitpunkt vgl. auch die oben S. 26 zitierten Stellen aus Heideggers-Briefen an K. Löwith). Daß die existenziale Analyse im Dienste der Frage nach dem Sein stand, darf natürlich nicht vergessen werden; daher ist die Position von »Sein und Zeit« mit dem Titel ›Existenzialismus‹ keineswegs erschöpfend charakterisiert. Andererseits jedoch kann »Sein und Zeit« (und »Was ist Metaphysik?«) aus dem philosophiegeschichtlichen Kapitel ›Existenzialismus‹ nicht einfach hinweggedeutet werden. Wie sonst wohl soll die Heidegger-Rezeption im französischen Existenzialismus plausibel gemacht werden? Auch daß nach dem Zweiten Weltkrieg der Zugang zu Heideggers Philosophie vielen, für die sie noch ein unbeschriebenes Blatt war, auf dem Umweg über eben diesen französischen Existenzialismus eröffnet wurde, kann kaum nur auf Mißverständnissen beruht haben. Der späte Heidegger freilich ist von existenzialistischen Positionen deutlich entfernt.

Heidegger – ein Existenzialist? Nicht der ganze, aber doch der frühe; und der frühe auch nicht ganz, aber doch auf jeden Fall partiell.

b) Es gibt wohl kaum einen klareren Fall von Heidegger-Rezeption als den *Sartres*. Während eines einjährigen Aufenthalts in der ›Maison Francaise‹ in Berlin 1933/34 las Sartre Husserls und Heideggers (ferner auch Schelers und Jaspers') Schriften. Maßgeblich blieb zunächst die Auseinandersetzung mit Husserl (vgl. Sartres erste wichtigere philosophische Publikation: La Transcendance de l'Ego. Esquisse d'une description phénoménologique. In: Recherches Philosophiques 6 [1936/37] 85–123). Sartres Hauptwerk »L'Etre et le Néant« (1943) ist dann aber aufs stärkste von Heideggers Hauptwerk »Sein und

Zeit« beeinflußt. Wie dieses begreift es sich als phänomenologische Ontologie; mit ihm teilt es große thematische Bereiche. Sartre versteht seine Arbeit als Fortführung der Heideggerschen Analysen; er beruft sich oft auf sie und übernimmt z. T. deren Terminologie (manchmal wörtlich, oft der Sache nach: der Heideggerschen Unterscheidung zwischen Vorhandenheit und Existenz z. B. entspricht bei Sartre die Differenz von être-en-soi [Sein der Dinge] und être-pour-soi [Sein des Menschen]). Allerdings ist Sartres Hauptwerk, welches zusammen mit seinen Dramen seinen Status als Existenzialist par excellence begründete, auch von anderen Einflüssen geprägt, so von Hegel (via A. Kojèves Hegel-Vorlesungen) und von der Psychoanalyse. Schon daraus ergeben sich natürlich auch unübersehbare Unterschiede gegenüber Heidegger. Die Zugehörigkeit Sartres wie fast des gesamten französischen Existenzialismus zur französischen ›Résistance‹ (Widerstandsbewegung gegen die deutsche Besetzung) läßt gleichfalls das Verhältnis zu Heidegger in einem anderen Lichte erscheinen. (Die Gleichungen ›Heidegger = Rechts-Existenzialismus‹, ›Sartre = Links-Existenzialismus‹ – dem Sinne nach bei Lukács zu finden – sind gleichwohl zu simpel; vgl. dazu Sartre selbst in: Marxismus und Existentialismus, S. 33 f.)

In seinem Essay »L'existentialisme est un humanisme« (1946) ordnet Sartre Heidegger der eigenen Fraktion zu, indem er von zwei existentialistischen Schulen spricht, nämlich der christlichen, zu der er Jaspers und Marcel, und der atheistischen, zu der er Heidegger und sich selbst (und einige andere) zählt. Dieser Zurechnung hat Heidegger im Brief »Über den Humanismus«, der sich z. T. wie eine Abrechnung mit Sartre liest, widersprochen (s. o.). (Auch unabhängig von Heideggers Selbstdeutung ist die Einstufung seiner Position als atheistisch problematisch; s. u. 6.11.)

Heideggers Weg seit 1930 (in Richtung ›Seinsgeschichte‹) und Sartres Entwicklung seit den 40er Jahren (politisch-soziales Engagement auf der ›Linken‹, Annäherung an den Marxismus, wenn auch bei gleichzeitiger Kritik an Stalinismus und marxistischer Orthodoxie) lassen beide Philosophen seit geraumer Zeit in einem Verhältnis zueinander erscheinen, in welchem die Gegensätze – z. T. krasse Gegensätze – ganz eindeutig überwiegen.

c) Albert *Camus*, Essayist und Dichter, nicht eigentlich Philosoph, kann einen gewissen Einfluß Heideggers nicht verleugnen, obwohl dieser für ihn letztlich der in höchsten Abstraktionen sich ergehende Philosophieprofessor bleibt.

Zwischen Heidegger und dem gleichaltrigen – meist als Hauptvertreter eines christlichen Existenzialismus apostrophierten – Gabriel *Marcel* (der sich freilich selbst lieber als Neo-Sokratiker verstanden sehen möchte) gibt es kaum wechselseitige Beeinflussung, sondern höchstens gewisse Parallelen, die zudem vielfach eher unspezifisch sind.

Im Falle von Maurice *Merleau-Ponty* wird die – meist aufgrund seiner langjährigen Zusammenarbeit mit Sartre (bes. bei der Herausgabe der Zeitschrift ›Les temps modernes‹) vorgenommene – Zurechnung zum Existenzialismus gänzlich problematisch. Der Einfluß der Heideggerschen Philosophie und die Auseinandersetzung mit ihr sind jedoch genauso wenig zu übersehen wie Ähnlichkeiten hinsichtlich Thematik und Problemstellung (Subjektivitäts-, Lebenswelttheorie). Eine größere Rolle spielt für Merleau-Ponty allerdings die Rezeption Husserls und der wissenschaftlichen Psychologie.

Natürlich wären beim Thema ›Heidegger und der französische Existenzialismus‹ neben den prominenten Namen noch zahlreiche andere zu nennen, die zumindest außerhalb des Kreises der Fachphilosophen nicht so bekannt sind, für die aber die Aneignung der Heideggerschen Philosophie oder die Auseinandersetzung mit ihr (z. T. auch die deutliche Kritik an ihr) von Bedeutung war und ist. Dazu gehören dann auch jene, bei denen nicht eigentlich von einer existenzialistischen ›Verarbeitung‹ Heideggers gesprochen werden kann, bei denen z. B. – in einer zweiten oder dritten Rezeptionsphase – auch Heideggers Spätdenken seine Wirkungen zeitigt (exemplarisch: Jean Beaufret). Solche Rezeptionsphänomene werden aus pragmatischen Gründen an dieser Stelle erwähnt, obwohl sie genaugenommen unter eine Rubrik ›Heidegger in Frankreich‹ gehören würden, die durch das Thema ›Heidegger und der französische Existenzialismus‹ zwar zu erheblichen Teilen, aber keineswegs vollständig abgedeckt ist. Aus der Fülle der für die existenzialistische wie nicht-existenzialistische Rezeption relevanten Namen seien noch genannt: J. Derrida, M. Dufrenne, M. de Gandillac, M. Henry, E. Levians, P. Ricoeur, J. Wahl. Auch der Belgier A. de Waelhens mag hier erwähnt werden. Die Heidegger-Rezeption in anderen romanischen Ländern gehört z. T. auch unter das Thema ›Heidegger und der Existenzialismus‹; s. dazu unten 6.15.

Mit dem (sechs Jahre älteren) Karl *Jaspers* verband Heidegger ein freundschaftliches Verhältnis. Spezifische wechselseitige Beeinflussung liegt aber auch hier kaum vor (trotz der durchaus positiven Erwähnungen von Jaspers‹ »Psychologie der Weltanschauungen« [zuerst 1919] in einigen Anmerkungen von SuZ, vgl. 249, 301 f., 338). Vielmehr gibt es auch in diesem Falle gleiche oder ähnliche philosophische Erfahrungen (z. B. Kant, Kierkegaard, Nietzsche), Motive und Probleme. Freilich fallen auch die Unterschiede ins Gewicht (z. B. zwischen dem Jaspersschen Motiv der ›Existenzerhellung‹ und Heideggers systematischen fundamental-ontologischen Absichten). In der Beurteilung hat dabei oft Heideggers und Jaspers' unterschiedliches Verhältnis zum Nationalsozialismus eine Rolle gespielt. (Jaspers, mit einer Jüdin verheiratet, wurde 1937 von den Nationalsozialisten seines Amtes enthoben.)

Th. W. Adorno: s. AwBibl 1.
F. Alquié: s. AwBibl 2.
Atti del congresso internazionale di filosofia. A cura di *E. Castelli,* Bd. II: L'esistenzialismo, Milano 1948.
J. Beaufret: Introduction aux philosophes de l'existence. De Kierkegaard à Heidegger, Paris 1971.
J. Benda: Tradition de l'existentialisme ou les philosophes de la vie, Paris 1947.
O. *F. Bollnow:* Deutsche Existenzphilosophie und französischer Existentialismus. In: ZphF 2 (1947/48) 231–243.
A. Diemer: Artikel ›Existenzphilosophie‹. In: Das Fischer-Lexikon – Philosophie, hrsg. von *A. Diemer* u. *I. Frenzel,* Neubearbeitung 1967 und später, 64–76.
P. Foulquié: Existentialisme, Paris 1947.
L. Gabriel: Existenzphilosophic. Von Kierkegaard bis Sartre, Wien 1951.
K. Hartmann: Artikel ›Existentialismus‹, ›Existenzphilosophie‹. In: Hist. Wörterb. d. Philos., hrsg. von *J. Ritter,* Bd. II (1972) 850–852, 862–865.
Th. Hartwig: Der Existentialismus. Eine politisch reaktionäre Ideologie, Wien 1948.
F. H. Heinemann: Existenzphilosophie – lebendig oder tot? 1954, 4. Aufl. 1971.
R. Jolivet: Französische Existenzphilosophie, Bern 1948.
H. Knittermeyer: s. AwBibl 52.
H. Lefebvre: L'existentialisme, Paris 1946.
J. Lenz: Der moderne deutsche und französische Existentialismus, 1951.
E. Levinas: s. AwBibl 63.
E. Levinas: De l'existence à l'existant, Paris 1947.

G. Lukács: Existentialismus oder Marxismus? 1951.
H. Mougin: Comme Dieu en France: Heidegger parmi nous. In: Europe 24 (1946) 132–138.
M. Müller: s. AwBibl 82.
H.-R. Müller-Schwefe: Aufstand gegen das Sein. Der Nihilismus bei Heidegger, Sartre, Jaspers und Marcel. In: Zeitwende. Die neue Furche 32 (1961) 308–318.
M. Reding: Die Existenzphilosophie. Heidegger, Sartre, Gabriel Marcel und Jaspers in kritisch-systematischer Sicht, 1949.
K. F. Reinhardt: Existentialist revolt: the main themes and phases of existentialism: Kierkegaard, Nietzsche, Heidegger, Jaspers, Sartre, Marcel, with an approach on existentialist psychotherapy, 2. Aufl. New York 1960.
J. D. Robert: La vie de l'existentialisme en France. In: TPh 9 (1947) 711–754.
E. Topitsch: s. AwBibl 120.
J. Wahl: Vom Nichts, vom Sein und von unserer Existenz. Versuch einer kleinen Geschichte des Existenzialismus, gefolgt von einer Diskussion der Herren Berdiaeff, de Gandillac, Gurvitch, Koyré, Levinas und Gabriel Marcel, 1954.
M. Warnock: Existentialism (Kierkegaard, Nietzsche, Heidegger, Sartre, Marcel, Merleau-Ponty), London, Oxford, New York 1970.
(Im folgenden werden als Primär-Veröffentlichungen jeweils nur die für das Thema dieses Abschnitts i. e. L. relevanten angeführt.)

Zu Sartre:

J.-.P Sartre: L'être et le néant. Essai d'ontologie phénoménologique, Paris 1943. Dt.: Das Sein und das Nichts. Versuch einer phänomenologischen Ontologie, 1962.
J.-P. Sartre: L'existentialisme est un humanisme, Paris 1946. Dt.: Drei Essays: Ist der Existentialismus ein Humanismus? Materialismus und Revolution. Betrachtungen zur Judenfrage, 1960 und später.
J.-Paul Sartre: Critique de la raison dialectique, précédé de Question de méthode. Tome 1: Théorie des ensembles pratiques, Paris 1960. Dt.: Kritik der dialektischen Vernunft. Bd. 1: Theorie der gesellschaftlichen Praxis, 1967. [Weitere Bände bisher nicht erschienen.]
J.-P. Sartre: Marxismus und Existentialismus. Versuch einer Methodik [= Übersetzung des Kapitels ›Questions de Méthode‹ aus »Critique de la raison dialectique« 13–111], 1964 und später.
R. Champigny: Sartre et Heidegger: deux sensibilités. In: Modern Language Notes 70 (1955) 426–448.
H. H. Holz: Jean Paul Sartre. Darstellung und Kritik seiner Philosophie, 1951 [15. Kapitel: Heidegger und Sartre].
R. Jolivet: Le problème de la mort chez M. Heidegger et J. P. Sartre, Abbaye S. Wandrille 1950.
P. Kampits: Sartre und die Frage nach dem Anderen. Eine sozialontologische Untersuchung, 1975 [über Heidegger: 76 ff.].

L. Landgrebe: s. AwBibl 60.
M. Reding: Heidegger und Sartre. In: Der Mensch vor Gott. Festschrift für Th. Steinbüchel zum 60. Geb. (1948) 333–348.
M. Theunissen: Der Andere. Studien zur Sozialontologie der Gegenwart, 1965 [zu Sartre und Heidegger: 156 ff.].
A. de Waelhens: Heidegger et Sartre. In: Deucalion 1 (1946) 15–37.

Zu Camus:
A. Camus: Le mythe de Sisyphe. Essai sur l'absurde, Paris 1942. Dt.: Der Mythos von Sisyphos. Ein Versuch über das Absurde, 1959 und später.
A. Camus: L'homme révolté, Paris 1951. Dt.: Der Mensch in der Revolte, 1951 und später.
G. Nicholson: Camus and Heidegger: Anarchists. In: University of Toronto Quarterly 41 (1971) 14–23.
K. Oedingen: Die Erfahrung der ›Nichtung‹ und ihre Deutung bei Camus und Heidegger. In: TPh 27 (1965) 68–83.

Zu Marcel:
G. Marcel: Journal métaphysique, Paris 1927. Dt.: Metaphysisches Tagebuch, Wien 1955.
G. Marcel: Etre et avoir, Paris 1935. Dt.: Sein und Haben, 1954.
G. Marcel: Le mystère de l'être, 2 Bde., Paris 1951. Dt.: Das Geheimnis des Seins, Wien 1952.

Zu Merleau-Ponty:
M. Merleau-Ponty: La structure du comportement, Paris 1942.
M. Merleau-Ponty: Phénoménologie de la perception, Paris 1945. Dt.: Phänomenologie der Wahrnehmung, 1966.
M. Merleau-Ponty: Sens et non-sens, Paris 1948.
M. Merleau-Ponty: Le visible et l'invisible, Paris 1964.
R. Boehm: Chiasma. Merleau-Ponty und Heidegger. In: Db 369–393.
A. Rabil: Merleau-Ponty – Existentialist of the social world, New York, London 1967 [mehrfach über Heidegger, vgl. Index].

Zu Jaspers:
K. Jaspers: Die geistige Situation der Zeit, 1931 und später.
K. Jaspers: Philosophie, 3 Bde. (I: Philosophische Weltorientierung, II: Existenzerhellung, III: Metaphysik), 1932 und später.
K. Jaspers: Existenzphilosophie, 1938 und später.
K. Jaspers: Nietzsche, 1936 und später.
F. J. Brecht: Heidegger und Jaspers. Die beiden Grundformen der Existenzphilosophie, 1948.
S. Marck: La philosophie de l'existence dans l'oeuvre de K. Jaspers et de M. Heidegger. In: Revue philosophique de la France et de l'Etranger 61 (1936) 197–219.
J. Pfeiffer: Existenzphilosophie. Eine Einführung in Heidegger und Jaspers. 1934, 3. Aufl. 1952.

6.11 Heidegger und die Theologie

Zum umfangreichen und kaum noch überschaubaren Thema ›Heidegger und die Theologie‹ (›... die Religion‹, ›... das Christentum‹, ›... die Gottesfrage‹ etc.) sollen Hinweise zu zwei zentralen Aspekten gegeben werden: a) Heideggers Stellung zur Theologie, b) Heidegger-Rezeption in der Theologie.

a) Über den Einfluß von Christentum, Kirche und Theologie auf den jungen Heidegger informieren kurz die Abschnitte 3 und 4.1 (s. o.). Für »Sein und Zeit« ergibt sich folgendes Bild: einerseits sind viele der existenzialen Grundbestimmungen an theologischen Texten gewonnen und lassen sich auch eindeutig als ehedem theologische identifizieren. Andererseits wird die christliche Theologie mit ihrer dogmatischen Systematik z. T. heftig kritisiert (vgl. z. B. SuZ 10, 49, 229). Neuere Entwicklungen (gemeint sind wohl K. Barth und R. Bultmann) scheint Heidegger positiver zu beurteilen (10). Im Marburger Vortrag »Phänomenologie und Theologie« wird der Unterschied zwischen Philosophie und Theologie so stark wie nur irgend möglich herausgestellt, und zwar sowohl in wissenschaftstheoretischer als auch in existenzieller Hinsicht. Die Stellung des späten Heidegger zur Theologie ist durchaus ambivalent. Die überkommene Theologie fällt unter das Verdikt der Kritik an der Metaphysik als seinsvergessener Onto-Theo-logie (vgl. insbes. ID 50 ff.). Eine sich davon freimachende Theologie (vgl. WiM-E 20) hält Heidegger aber anscheinend für eine echte Möglichkeit, die freilich von der Philosophie grundsätzlich getrennt bleibt (vgl. ebd. 6, N II 132). Im Brief »Über den Humanismus« heißt es, das Denken des Seins könne (aus Achtung der ihm gesetzten Grenzen) nicht theistisch, allerdings auch nicht atheistisch sein (Hum 37). Aus einem Gespräch in der Evangelischen Akademie Hofgeismar im Jahre 1953 stammen die berühmten Sätze: »Innerhalb des Denkens kann nichts vollzogen werden, was vorbereitend oder mitbestimmend wäre für das, was im Glauben und in der Gnade geschieht. Wenn ich vom Glauben so angesprochen wäre, würde ich die Werkstatt schließen.« (referiert bei H. Noack S. 33) Dagegen steht jedoch die genauso berühmte Äußerung (aus derselben Zeit!), daß er (Heidegger) ohne seine theologische Herkunft nicht auf den Weg des Denkens gelangt wäre: »Herkunft aber bleibt stets Zukunft.« (USp 96). In der Tat weist Heideggers Spätdenken viele Analogien zur Theologie auf (vgl. dazu oben 4.3.2). Auf den Zusammenhang zwischen Seins- und Gottesfrage wird manchmal sogar ausdrücklich hingewiesen (Hum 36 f., TK 46;

vgl. auch die oben S. 24 zitierte Passage aus »Vom Geheimnis des Glockenturms«).

b) Die kaum zu überschätzende Bedeutung des Heideggerschen Denkens für die moderne Theologie wird am besten aus der Tatsache ersichtlich, daß in beiden christlichen Konfessionen jeweils der größte Theologe des 20. Jahrhunderts entscheidend von Heidegger beeinflußt ist: Karl *Rahner* im katholischen Bereich, Rudolf *Bultmann* im protestantischen. Besonders die existenziale Analytik von »Sein und Zeit« gab vielfältigen Anlaß zu einer Neuinterpretation christlicher Glaubensgehalte, zumal im Kontext der Entmythologisierungsproblematik (Bultmann), oder zu einer neuen Sicht der überlieferten philosophisch-theologischen Lehre (Rahner und die übrige ›Katholische Heidegger-Schule‹ [s. o. 6.3]). Auch in theologischen Grundlagen- und Methodendebatten (Hermeneutik-Problematik!) war Heidegger vielfach Kronzeuge. Später ist dann vor allem seine Metaphysik-Kritik rezipiert worden; sie wirkt über viele Vermittlungen letztlich sogar noch in der ›Gott-ist-tot‹-Theologie (vgl. z. B. D. Sölle: Stellvertretung. Ein Kapitel Theologie nach dem »Tode Gottes«, 1965).

Allerdings gab es und gibt es auch massive theologische Heidegger-*Kritik*, meistens (obwohl nicht ausschließlich) von traditionalistischer Seite (und hier wiederum besonders im katholischen Raum). Nach den Kriterien des kirchlichen Lehramts verfällt Heideggers Philosophie zum großen Teil dem Modernismus-Verdikt. (Ein Beispiel aus jüngster Zeit ist Sladeczek.)

Schließlich muß auch noch erwähnt werden, daß von Positionen her, die sich gegenüber dem Christentum skeptisch oder negierend (atheistisch) verhalten, Heideggers Nähe zur Theologie gerade zum Gegenstand der Kritik gemacht wird, sei es moderiert (wie bei K. Löwith: s. AwBibl 65–67) oder aggressiv (wie bei W. R. Beyer).

Bei den Literaturangaben werden von den Schriften aus der ›Katholischen Heidegger-Schule‹ die bereits unter 6.3 angeführten Titel nicht wiederholt.

H. U. von Balthasar: Heideggers Philosophie vom Standpunkt des Katholizismus. In: Stimmen der Zeit 137 (1940) 1–8.

H. Barth: Ontologie und Idealismus. Eine Auseinandersetzung mit Martin Heidegger. In: Zwischen den Zeiten 7 (1929) 511–540.

W. R. Beyer: Heideggers Katholizität. In: AwBibl 8, S. 55–114.

J. Brechtgen: s. AwBibl 12.

J. Brown: Kierkegaard, Heidegger, Buber and Barth. Subject and object in modern theology, New York 1962.

A. C. Cochrane: The existentialists and God. Being and the being of God in the thought of Sören Kierkegaard, Karl Jaspers, Martin Heidegger, Jean-Paul Sartre, Paul Tillich, Etienne Gilson, Karl Barth, Philadelphia 1956.

E. Coreth: Auf der Spur der entflohenen Götter? M. Heidegger und die Gottesfrage. In: WuW 9 (1954) 107–125.

M. Corvez: La place de Dieu dans l'ontologie de Martin Heidegger. In: Revue Thomiste 54 (1954) 79–102, 559–583.

H. Danner: Das Göttliche und der Gott bei Heidegger, 1971.

W. Ernst: Moderne Versuche zur Gewinnung eines neuen Lebensverständnisses in Philosophie und Theologie (M. Heidegger und die dialektische Theologie). In: ZsTh 9 (1931) 25–46.

H. Franz: Das Denken Heideggers und die Theologie. In: HeidPersp 179–216.

E. Fuchs: Theologische Exegese und philosophisches Seinsverständnis. Zum ›Gespräch‹ zwischen Bultmann und Heidegger. In: ZThK 13 (1932) 307–323.

H.-G. Gadamer: Martin Heidegger und die Marburger Theologie. In: HeidPersp 169–178.

A. Gethmann-Siefert: Das Verhältnis von Philosophie und Theologie im Denken Martin Heideggers, 1974.

K. Gründer: s. AwBibl 38.

W. Grundmann: Heideggers »Sein und Zeit« und die christliche Verkündigung. In: Die Furche 17 (1931) 163–179.

G. W. Ittel: Der Einfluß der Philosophie M. Heideggers auf die Theologie R. Bultmanns. In: Kerygma und Mythos 2 (1956) 90–108.

H. Jonas: Heidegger und die Theologie. In: Evangelische Theol. 24 (1964) 621–642.

B. Koepp: Merimna und Agape. Zur Analytik des Daseins in Heideggers »Sein und Zeit«. In: Reinhold-Seeberg-Festschrift, 1929, 99–139.

K. Löwith: Phänomenologische Ontologie und protestantische Theologie [zuerst 1930]. In: HeidPersp 54–77.

J. B. Lotz: Heidegger und das Christentum. In: Doctor Communis 4 (1951) 63–73.

U. Luck: Heideggers Ausarbeitung der Frage nach dem Sein und die existentialanalytische Begrifflichkeit in der evangelischen Theologie. In: ZThK 53 (1956) 230–251.

J. Macquarrie: An existentialist theology. A comparison of Heidegger and Bultmann, New York, London 1965.

R. Masson: Rahner and Heidegger: being, hearing, and God. In: The Thomist 37 (1973) 455–488.

J. Möller: Existenzialphilosophie und katholische Theologie, 1952.

J. Möller: Zum Thema »Der spätere Heidegger und die Theologie«. In: Tübinger theol. Quartalschrift 147 (1968) 386–431.

M. Müller: s. AwBibl 82.

N. C. Nielsen: Demythologizing and the Philosophia perennis: Bult-

mann, Jaspers and Heidegger. In: Rice University Studies 50 (1964) 55–67.
H. Noack: Gespräch mit Martin Heidegger. In: Anstöße. Berichte aus der Arbeit der Evangel. Akad. Hofgeismar 1 (1954) 30–37.
G. Noller: s. AwBibl 86.
G. Noller (Hrsg.): Heidegger und die Theologie. Beginn und Fortgang der Diskussion, 1967.
H. Ott: s. AwBibl 87.
H. Ott: Die Bedeutung von Martin Heideggers Denken für die Methode der Theologie. In: Db 27–38.
J. L. Perotti: s. AwBibl 88.
K. Rahner: Hörer des Wortes, 1941, 2. Aufl. 1963.
J. M. Robinson, J. B. Cobb (Hrsg.): Der spätere Heidegger und die Theologie, 1964.
H. Schlier: Die Zeit der Kirche. Exegetische Aufsätze und Vorträge, 1956.
H. Schlier: Meditationen über den johanneischen Begriff der Wahrheit. In: s. AwBibl 133, S. 195–203.
H.-H. Schrey: Die Bedeutung der Philosophie Martin Heideggers für die Theologie. In: s. AwBibl 132, S. 9–21.
G. Siewerth: Gesammelte Werke. Bd. III: Gott in der Geschichte. Zur Gottesfrage bei Hegel und Heidegger, 1971.
F. M. Sladeczek: Ist das Dasein Gottes beweisbar? Wie steht die Existentialphilosophie Martin Heideggers zu dieser Frage? 1967.
W. J. Stohrer: The role of Martin Heidegger's doctrine of Dasein in Karl Rahner's metaphysics of man. Phil. Diss. Washington 1967.
H.-J. Theune: Vom eigentlichen Verstehen. Eine Interpretation der hermeneutischen Fragestellung R. Bultmanns auf dem Hintergrund der Existenzanalyse M. Heideggers. In: Evangelische Theologie 13 (N. F. 8) (1953) 171–188.
F. Traub: Heidegger und die Theologie. In: ZsTh 9 (1931/32) 686–743.
W. Weischedel: Der Gott der Philosophen. Grundlegung einer philosophischen Theologie im Zeitalter des Nihilismus, 2. Aufl. 1972.
B. Welte: La question de Dieu dans la pensée de Heidegger. In: Les Etudes Philosophiques N. S. 19 (1964) 69–84.
K. Wittenkemper: Existentialismus und moderne protestantische Theologie. In: Theologie und Glaube. Zeitschrift für den katholischen Klerus 30 (1938) 641–655.
S. U. Zuidema: The idea of revelation with Karl Barth and with Martin Heidegger. The comparability of their patterns of thought. In: Free University Quarterly 4 (1955/56) 71–84.

6.12 Heidegger und die Literatur bzw. Literaturwissenschaft

Zwischen Heideggers Philosophie und der deutschen Literatur gibt es mannigfache Beziehungen. (Zum Thema ›Sprache‹ sowie ›Dichtung und Kunst‹ im Denken Heideggers s. o. 4.3.5

und 4.3.6.) Sicherlich hat der junge Heidegger von der Literatur um die und nach der Jahrhundertwende (Expressionismus!) starke Eindrücke empfangen. Für sein späteres Denken hat die Aneignung des dichterischen Werkes von *Hölderlin,* ferner auch von *Hebel, George, Trakl, Rilke* geradezu konstitutive Bedeutung. Auch mit Ernst *Jünger* verbindet ihn nicht nur ein Verhältnis persönlicher Freundschaft, sondern eine Art geistiger Wahlverwandtschaft.

Über seine Auseinandersetzung mit E. Jüngers Abhandlung »Der Arbeiter« (1932) berichtet Heidegger selbst in »Zur Seinsfrage«. Diese Schrift war ursprünglich – unter dem Titel »Über ›Die Linie‹« – ein Beitrag für die Festschrift zu Jüngers 60. Geburtstag (Freundschaftliche Begegnungen, 1955); Heidegger ›revanchierte‹ sich damit für Jüngers Beitrag zur ersten Heidegger-Festschrift (»Über die Linie«, in: AwBibl 131). Für den 80jährigen Heidegger stellte Jünger seine »Federbälle« (1969) zusammen; vgl. auch seine Äußerung über Heidegger in AwBibl 135, S. 23–26. Zum Vergleich ›Jünger – Heidegger‹ s. die Untersuchung von Krockows (AwBibl 56).

In zahlreichen Fällen kann man zwar nicht von wechselseitigem Einfluß, wohl aber von analogen Erfahrungen sprechen, die bei Heidegger philosophisch, in der Literatur künstlerisch artikuliert sind. *Kafkas* Werk ist sogar als ›epische Fundamentalontologie‹ (Max Bense) bezeichnet worden.

In der deutschen Nachkriegsliteratur hat Heidegger manche Spuren hinterlassen. Daß sie ihm verpflichtet sind, dokumentierten u. a. Ilse *Aichinger,* Günter *Eich* und Helmut *Heissenbüttel* durch Beiträge zur Heidegger-Festschrift von 1959 (AwBibl 133; darin auch wieder ein Beitrag von Ernst Jünger und von seinem Bruder Friedrich Georg Jünger). Einflüsse und Anklänge gibt es auch bei Ingeborg *Bachmann* (die mit einer Heidegger-Arbeit promovierte; vgl. »Die kritische Aufnahme der Existenzialphilosophie Martin Heideggers«, Phil. Diss. Wien 1949), Paul *Celan,* Ernst *Meister.* Die Anlehnung an Heideggersche Diktion im Titel einer Lyrik-Anthologie von 1953 – »Ergriffenes Dasein« – ist vielleicht nicht intendiert, aber auch kein Zufall, hat doch Heideggers Sprache stellenweise geradezu stilbildend in der deutschen Literatur gewirkt. (Vgl. »Ergriffenes Dasein. Deutsche Lyrik des 20. Jahrhunderst«, ausgewählt von H. E. Holthusen u. F. Kemp, 1953, 13. Aufl. 1972.)

Mehr der Kuriosität halber mag erwähnt werden, daß aus der Perspektive eines Buches von R. N. Maier über »Das moderne Gedicht« (1959) Heidegger durch seinen eigenen dichterischen Versuch (vgl.

»Aus der Erfahrung des Denkens«) sich sogar zum modernen Lyriker qualifizierte und so in eine Reihe mit Henneberg, Celan, Eich und Klee zu stehen kam, welche alle – so der Titel des entsprechenden Kapitels – ›die neue Hinwendung zum Seienden‹ – vollziehen.

Auf der anderen Seite hat Heideggers Sprache jedoch auch ganz andere Reaktionen provoziert, unter denen die Heidegger-Parodie von Robert *Neumann* im »Theatralischen Panoptikum« (neu in: R. N.: Die Parodien, 1962, zu Heidegger 546 ff.) und die ausgiebige kritisch-parodistische Auseinandersetzung im zweiten Buch der »Hundejahre« von Günter *Grass* (1963) nur die bekanntesten Beispiele sind. Ob man allerdings so weit gehen sollte wie Walter *Muschg*, der sich nicht scheute, Heidegger einen »Sprachverbrecher« zu nennen (»Pamphlet und Bekenntnis. Aufsätze und Reden«, 1968, S. 346), muß doch sehr in Zweifel gezogen werden.

Heideggers Bedeutung für die Literatur*wissenschaft* ist möglicherweise noch größer als die für die Literatur selbst.

Der erste eindeutige Rezeptionsfall ist allerdings nur noch aus historiographischen Gründen erwähnenswert, nämlich Hans *Naumanns* Versuch, die germanische Mythologie mit den Kategorien der Heideggerschen Daseinsanalyse zu deuten. (Vgl. »Germanischer Schicksalsglaube«, 1934, darin S. 68–89 das Kapitel »Der Mythos und die Lehre Heideggers«; damit, daß der NS-›Philosoph‹ Ernst Krieck dieses Unternehmen als völlig abwegig bezeichnen würde [vgl. »Germanischer Mythos und Heideggersche Philosophie«. In: Volk im Werden 2 (1934) 247–249, abgedruckt bei Schneeberger: AwBibl 107, 225–228], hatte Naumann wohl nicht gerechnet.)

Höchst bedeutsam wurden jedoch die dichtungstheoretischen Arbeiten von Emil *Staiger*, die für lange Zeit das Selbstverständnis einer starken Fraktion innerhalb der deutschen Germanistik prägen sollten. Staiger machte vor allem Heideggers Zeit-Theorie für seine Analysen fruchtbar, indem er z. B. die literarischen Gattungen Lyrik, Epos, Drama den Zeitekstasen Vergangenheit, Gegenwart, Zukunft zuordnete (vgl. auch seine Äußerung über Heidegger in AwBibl 135, S. 31–34). Anläßlich eines konkreten Interpretationsfalles – es handelte sich um den letzten Vers von Mörikes Gedicht »Auf eine Lampe« – gab es dann allerdings eine brieflich ausgetragene Kontroverse, welche auch allgemeine Fragen nach dem Sinn und dem Verfahren von Literaturinterpretationen betraf. (Vgl. E. Staiger: Zu einem Vers von Mörike. Ein Briefwechsel mit Martin Heidegger. In: Trivium 9 [1951] 1–16; vgl. auch noch den Beitrag von L. Spitzer: Wiederum Mörikes Gedicht »Auf eine Lampe«, ebd. 133–146.)

Gewissermaßen als Zwischenstation auf dem Weg von Dilthey zu Gadamer ist Heideggers Philosophie natürlich auch für die Hermeneutik-Debatte bedeutsam, die ihrerseits gerade in der Germanistik mit großem Engagement geführt wurde und wird.

Den größten Teil der Aufmerksamkeit in Sachen ›Heidegger und die Literaturwissenschaft‹ beansprucht aber wohl die Frage nach der methodischen und sachlich-inhaltlichen Legitimität der Heideggerschen Dichter-Interpretationen. Hier reicht die Skala von Zustimmung und Aneignung (z. B. *Allemann, Ruprecht)* über moderierte Kritik (z. B. *Schrimpf*) bis zu scharfer Ablehnung (z. B. *Minder, Muschg*).

B. Allemann: Hölderlin und Heidegger, 1954. [Zusätzlich in der 2. Aufl. 1956 ein Abschnitt »Heidegger und die Literaturwissenschaft«.]

E. Buddeberg: Heidegger und die Dichtung – Hölderlin, Rilke, 1953.

E. Buddeberg: Denken und Dichten des Seins – Heidegger, Rilke, 1956.

L. L. Duroché: Aspects of literary criticism in presentday Germany, with special reference to the thought of Martin Heidegger. Phil. Diss. Stanford 1965.

W. Falk: Heidegger und Trakl. In: Literaturwiss. Jahrb. 4 (1963) 191–204.

A. de Gelley: Staiger, Heidegger and the task of criticism. In: Modern Language Quarterly 23 (1962) 195–216.

W. L. Graff: Rilke in the light of Heidegger. In: Laval Théologique et Philosophique 17 (1961) 165–172.

H. Jaeger: Heidegger's existential philosophy and modern German literature. In: H. J.: Essays on German Literature 1935–1962, Bloomington 1968, 103–136.

F. W. Kaufmann: The value of Heidegger's analysis of existence for literary criticism. In: Modern Language Notes 48 (1933) 487–491.

R. Minder: Heidegger und Hebel oder die Sprache von Meßkirch. In: R. M.: ›Hölderlin unter den Deutschen‹ und andere Aufsätze zur deutschen Literatur, 1968, 86–153.

W. Muschg: Die Zerstörung der deutschen Literatur, Bern 1956, 3. Aufl. 1958 [214–230: »Die zerschwatzte Dichtung«].

J. Pfeiffer: Zu Heideggers Deutung der Dichtung. In: Der Deutschunterricht 2 (1952) 57–68.

W. H. Rey: Heidegger – Trakl. Einstimmiges Zwiegespräch. In: DVLG 30 (1956) 89–136.

E. Ruprecht: Heideggers Bedeutung für die Literaturwissenschaft. In: AwBibl 132, S. 122–133.

H. J. Schrimpf: Hölderlin, Heidegger und die Literaturwissenschaft. In: Euphorion 51 (1957) 308–323.

R.-E. Schulz-Seitz: »Bevestigter Gesang«. Bemerkungen zu Heideggers Hölderlin-Auslegungen. In: Db 63–96.
C. E. Sherry: The poetics of disclosure: Heidegger and Rilke. Phil. Diss. New Brunswick/New Jersey 1972.
E. Staiger: Die Zeit als Einbildungskraft des Dichters, Zürich 1939 und später.
E. Staiger: Grundbegriffe der Poetik, Zürich 1946 und später.
E. Staiger: Hölderlin-Forschung während des Krieges. In: Trivium 4 (1946) 202–219.
J. Wahl: La pensée de Heidegger et la poésie de Hölderlin, Paris 1953.

6.13 Heidegger und die Psychoanalyse

In der Psychologie gibt es eine zwar recht kleine, aber durch prominente Wissenschaftler (die beiden Schweizer L. *Binswanger* und M. *Boss*) repräsentierte Richtung, die die Heideggersche Daseinsanalyse für die psychologische (psychoanalytische bzw. tiefenpsychologische) Theorie und sogar für die ärztliche Praxis (Psychotherapie, Psychiatrie) fruchtbar zu machen versucht. (Als Beispiel für die Verbindung von psychoanalytischen und phänomenologischen Ansätzen ist übrigens auch Sartre relevant; vgl. oben 6.10.)

L. Binswanger: Grundformen und Erkenntnis menschlichen Daseins, Zürich 1942.
L. Binswanger: Über die daseinsanalytische Forschungsrichtung in der Psychiatrie. In: Schweizer Archiv f. Psychiatrie und Neurologie 7 (1946) 209–235.
L. Binswanger: Die Bedeutung der Daseinsanalytik Martin Heideggers für das Selbstverständnis der Psychiatrie. In: AwBibl 132, S. 58–72.
M. Boss: Psychoanalyse und Daseinsanalytik, Bern 1957.
M. Boss: Martin Heidegger und die Ärzte. In: AwBibl 133, S. 276–290.
M. Boss: [Über Martin Heidegger] In: AwBibl 135, S. 20–22.
H. Buggle: Der Begriff der »Zeit« bei Victor von Weizsäcker und Martin Heidegger. Eine vergleichende Untersuchung zur Grundlagenforschung der medizinischen Anthropologie. Med. Diss. Heidelberg 1964.
D. Brinkmann: Existentialismus und Tiefenpsychologie. In: Actas del primer Congreso nacional de Filosofia, Mendoza 1949, S. 1346–1360.
R. Heiss: Psychologismus, Psychologie und Hermeneutik. In: AwBibl 132, S. 122–35.
H. Kunz: Die Bedeutung der Daseinsanalytik Martin Heideggers für die Psychologie und die philosophische Anthropologie. In: AwBibl 132, S. 37–57.

J. Meinertz: Moderne Seinsphilosophie in ihrer Bedeutung für die Psychologie, 1948.
J. Needleman: Artikel »Existential Psychoanalysis«. In: The Encyclopedia of Philosophy, hrsg. von P. Edwards, London, New York 1967, Bd. 3, 154–157.
U. Sonnemann: Negative Anthropologie. Vorstudien zur Sabotage des Schicksals, 1969 [97–134: »Der domestizierte Heidegger«].

6.14 Heidegger und die praktische Philosophie

Heidegger selbst macht es jedem schwer, der nach Bezügen zwischen seiner Philosophie einerseits und der Praxis bzw. der praktischen Philosophie und den Wissenschaften von der Praxis andererseits fragt. Das Denken des Seins – so der Brief »Über den Humanismus« – »ist weder theoretisch noch praktisch. Es ereignet sich vor dieser Unterscheidung.« (Hum 42; vgl. insgesamt 38 ff.) An anderer Stelle heißt es lapidar: »Wir sollen nichts tun sondern warten.« (Gel 35) Im Gespräch mit R. Wisser meinte Heidegger, daß man von einem gesellschaftlichen Auftrag der Philosophie eigentlich nicht sprechen könne (vgl. Nr. 59, S. 68).

Dennoch gibt es eine Reihe von Versuchen, einen Weg »von Martin Heidegger zur praktischen Philosophie« (Maurer) zu bahnen, sei es, daß man das Denken Heideggers nach praktischen, ethischen, politischen und anderen Implikationen befragt (z. T. auch kritisch, vgl. z. B. Schwan), sei es, daß man Heideggersche Fragestellungen, Perspektiven, Positionen direkt oder – wohl der häufigere Fall – indirekt für die eigene wissenschaftliche Arbeit fruchtbar macht (z. B. *Ballauff* und *Bollnow* in der Pädagogik, E. *Wolf* und über diesen W. *Maihofer* in der Rechtsphilosophie). Ansatzpunkte sind dabei die anthropologischen (bzw. zumindest *auch* anthropologisch interpretierbaren) Aussagen der existenzialen Analytik von »Sein und Zeit« sowie das Verhältnis des Heideggerschen Spätdenkens zum ›gegenwärtigen Zeitalter‹ (Wissenschaft, Technik, moderne Zivilisation etc.).

Relevant für dieses Thema ist natürlich auch der Abschnitt ›Heidegger und der Marxismus‹; vgl. besonders den Absatz c in 6.6. Beim Thema ›Heidegger und die Politik‹ ist natürlich Heideggers Verhältnis zum Nationalsozialismus miteinzubeziehen; vgl. oben das fünfte Kapitel.

C. Astrada: Über die Möglichkeit einer existenzialgeschichtlichen Praxis. In: AwBibl 132, S. 165–171.
Ch. von Krockow: s. AwBibl 56.
R. Maurer: Von Martin Heidegger zur praktischen Philosophie. In:

Rehabilitierung der praktischen Philosophie, hrsg. von *M. Riedel*, Bd. I: Geschichte – Probleme – Aufgaben, 1971, 415–454.
A. Schwan: Martin Heidegger, Politik und Praktische Philosophie. In: PhJb 81 (1974) 148–171.
R. Wisser: Verantwortung im Wandel der Zeit. Einübung in geistiges Handeln: Jaspers, Buber, C. F. von Weizsäcker, Guardini, Heidegger, 1967.

Ethik:

B. J. Boelen: The question of ethics in the thought of Martin Heidegger. In: AwBibl 29, S. 76–105.
O. F. Bollnow: Existentialismus und Ethik. In: Die Sammlung 4 (1949) 321–335.
R. H. Cousineau: s. AwBibl 20.
H. Fahrenbach: Existenzphilosophie und Ethik, 1970.
W. Gent: Existenzphilosophie und Ethik. In: Philosophische Studien 2 (1950/51).
H. von Oyen: Fundamentalontologie und Ethik. In: Library of the Xth International Congress of Philosophy, Bd. II, Amsterdam 1948, 107–121.
C. A. von Peursen: Ethik und Ontologie in der heutigen Existenzphilosophie. In: Zschr. f. evangelische Ethik 2 (1958) 98–112.
B. Sitter: Dasein und Ethik. Zu einer ethischen Theorie der Eksistenz, 1975.

Recht:

W. Heinemann: Die Relevanz der Philosophie Martin Heideggers für das Rechtsdenken. Phil. Diss. Freiburg i. Br. 1970.
W. Maihofer: Recht und Sein, 1954.
C. Polak: Studien zu einer existentialen Rechtslehre. Phil. Diss. Freiburg i. Br. 1933.
J. Thyssen: Staat und Recht in der Existenzphilosophie. In: ARSP 41 (1954) 1–18.
E. Wolf: Griechisches Rechtsdenken, Bde. 1–3 1950–56, Bd. 4 1968/70.
E. Wolf: Das Problem der Naturrechtslehre, 1955.
B. Sh. Yuasa: Recht und Sein nach Heideggers Fundamentalontologie. Phil. Diss. Köln 1969.

Politik:

C. Grossner: s. AwBibl 37.
O. Pöggeler: s. AwBibl 92.
A. Schwan: s. AwBibl 110.

Pädagogik:

Th. Ballauff: Philosophische Begründungen der Pädagogik, 1966 [Die Wendung der pädagogischen Fragestellung durch die Philosophie Martin Heideggers 206–246].
O. F. Bollnow: Existenzphilosophie und Pädagogik, 1959.
S. Duda: Selbstwerdung und Sprache bei M. Heidegger als Grundlage für pädagogische Anthropologie. Phil. Diss. Wien 1966.

A. Mayer: Martin Heideggers Beitrag zur Pädagogik. In: Zschr. für Pädagogik 6 (1960) 138–148.

H. Rombach: Philosophischer Ansatz zum Erziehungsgeschehen. Rekonstitutionsphilosophie und Strukturpädagogik. In: Die Frage nach dem Menschen, Festschrift für Max Müller, 1966, 261–283.

*6.15 Heidegger in den romanischen Ländern**

Die größten Wirkungen hat Heideggers Philosophie bisher wohl (vom deutschen Sprachraum natürlich abgesehen) in den romanisch sprechenden Ländern hinterlassen. Der Einfluß auf die französische Philosophie wurde im Abschnitt über den Existenzialismus bereits behandelt (s. o. 6.10).

In *Italien* gab es in den 40er und 50er Jahren gleichfalls eine starke existenzialistische Strömung, die aber doch nicht so ausgeprägt und nicht so einflußreich war wie der deutsche und zumal der französische Existenzialismus. Sie wandte sich vielfach sei's gegen den herrschenden Neuhegelianismus (bes. von Benedetto Croce vertreten), sei's gegen die traditionelle Schulphilosophie, ging z. T. aber auch Koalitionen mit dem Thomismus ein. Die Rezeption der Philosophie Heideggers (aber auch Kierkegaards, Husserls, Jaspers', Sartres) spielte dabei eine bedeutende Rolle. Als wichtigste Vertreter des italienischen Existenzialismus gelten Nicola *Abbagnano* und Enzo *Paci.*

In *Spanien* gibt es eine massive Heidegger-Rezeption, die in den 50er Jahren ihren Höhepunkt erreichte. Von einem förmlichen Existenzialismus kann man hier jedoch kaum sprechen (was z. T. wohl mit den politischen Verhältnissen seit den 30er Jahren zusammenhängt, durch die große Teile der Intelligenz ins Exil getrieben wurden). *Ortega y Gasset* hatte bereits den Einfluß deutscher Philosophen (der Neukantianer, Nietzsches, Diltheys) auf die spanische Philosophie angebahnt. Bei seinen Schülern beginnt dann Heidegger zu wirken, in einem Kontext, den man vage als ›lebensphilosophisch‹ bezeichnen kann und für den u. a. der Versuch, sich aus der herrschenden, meist neuthomistisch orientierten Schulphilosophie zu emanzipieren, charakteristisch ist. (Koalitionen zwischen Heideggerschen und thomistischen Positionen gibt es freilich auch hier, z. B. bei Ceñal.) Auf großes Interesse stießen auch Heideggers spätere Schriften, vor allem deren technik- und zivilisationskritische Perspektiven. Insgesamt ist das Bild jedoch keineswegs einheit-

* In diesem Abschnitt verlasse ich mich in erheblichem Ausmaß auf Hinweise von Rafael de la Vega, dem ich sehr herzlich danke.

lich. Wichtige Namen sind (außer dem schon genannten Ramón *Ceñal)* Julián *Marías,* José *Gaos* (der nach Mexiko ins Exil ging), Juan David *García Bacca* (gleichfalls in verschiedenen lateinamerikanischen Ländern im Exil) sowie Xavier *Zubiri.*

In *Lateinamerika* schließlich spielt die Heidegger-Rezeption – z. T. vermittelt durch die Emigranten aus Spanien – bis heute eine sehr große Rolle. Bahnbrechend war hier i. e. L. der Argentinier Carlos *Astrada,* ferner auch der Peruaner Alberto *Wagner de Reyna,* der in den 30er Jahren in Freiburg studierte. Auch in den lateinamerikanischen Ländern steht die Heidegger-Rezeption zum großen Teil im Kontext der Emanzipation aus schulphilosophischen Traditionen. Verbindungen zur christlichen Theologie, insbesondere zu der mit progressiven Absichten, sind in beträchtlichem Ausmaß vorhanden, wobei Heidegger und der Existenzialismus vielfach als Alternative zu Marx und zum Marxismus gelten.

Italien:

Eine nützliche Bibliographie:

L'existentialisme en Italie. In: RIPh 3 (1949) 348–359, 502–506.

Von den zahlreichen Sammelbänden, die u. a. sowohl Beiträge über Heidegger als auch von Heidegger beeinflußte Beiträge enthalten, seien genannt:

L'esistenzialismo, hrsg. von *L. Pelloux,* Rom 1943.
Esistenzialismo. Acta Academiae Romanae S. Thomae Aq. et Religionis Catholicae, Turin 1947.
Atti del congresso internazionale di filosofia, Roma 1946. Bd. II: L'esistenzialismo, Milano 1948.
Il pensiero esistenzialista, hrsg. von *P. Chiodi,* Milano 1959.
N. Abbagnano: La struttura dell' esistenza, Torino 1939.
N. Abbagnano: Introduzione all' esistenzialismo, Milano 1942.
N. Abbagnano: Philosophie des menschlichen Konflikts, 1957.
B. d'Amore: Esistenzialismo tedesco ed esistenzialismo italiano. In: Incontri Culturali 1 (1968) 414–424.
N. Bobbio: La filosofia del decadentismo, Torino 1944.
P. Chiodi: L'esistenzialismo di Heidegger, Torino 1947.
P. Chiodi: L'ultimo Heidegger, Torino 2. Aufl. 1960.
C. Fabro: Introduzione all' esistenzialismo, Milano 1943.
C. Fabro: Dall' essere all' esistente, Brescia 1957.
E. Paci: Pensiero, esistenza, e valore, Messina, Milano 1940.
E. Paci: L'esistenzialismo, Padova 1943.
L. Pareyson: Studi sull' esistenzialismo, Firenze 1943.
L. Stefanini: L'esistenzialismo di M. Heidegger, Padova 1944.
S. Vanni-Rovighi: Heidegger, Brescia 1945.

Spanien und Lateinamerika:

C. *Astrada:* Idealismo fenomenologico y metafisica existencial, Buenos Aires 1936.

C. *Astrada:* Über die Möglichkeit einer existenzialgeschichtlichen Praxis. In: AwBibl 132, S. 165–171.

C. *Astrada:* Ser, Humanismo, »Existencialismo«. Una approximación a Heidegger, Buenos Aires 1949.

C. *Astrada:* La revolución existencialistica. Hacia un humanismo de la libertad, Buenos Aires 1952.

C. *Astrada:* Martin Heidegger. De la analítica ontológica a la dimensión dialectica, Buenos Aires 1970.

R. *Ceñal:* La filosofia de Martin Heidegger. In: Revista de filosofia 4 (1945) 347–365.

R. *Ceñal:* Palabra, ser y fundamento. Tres lecciones sobre Heidegger. In: Cuadernos hispanoamericanos 42 (1960) 19–53.

J. *Gaos:* El ser y el tiempo de Martin Heidegger. In: Filosofia y Letras 16 (1948) 205–240.

J. *Gaos:* Introducción a »El ser y el tiempo« de Martin Heidegger, Mexico 2. Aufl. 1971.

J. D. *García Bacca:* Los conceptos de ontologia general y de ontologia fundamental en Heidegger. In: Universidad Nacional de Columbia 8 (1947) 57–96.

J. D. *García Bacca:* Antropologia filosofica contemporanea, Caracas 1957, 161–175.

J. D. *García Bacca:* Existencialismo, Xalapa (Mexico) 1962.

J. L. *Groves:* The influence of Heidegger in Latin-american philosophy. Phil. Diss. Boston 1960.

J. *Marías:* El existencialismo en España, Bogotá 1953.

V. R. *Martin:* Martin Heidegger. Elementos de bibliographia. In: Philosophia 37 (Mendoza 1971) 125–171.

J. *Pelegri:* Martin Heidegger. Interpretaciones de su filosofar y su bibliographia puesta al dia [Literaturbericht]. In: Analecta Sacra Tarraconensia 41 (1968) 87–142.

A. *Wagner de Reyna:* La ontologia fundamental. Su motiv y significación, Buenos Aires 1939.

A. *Wagner de Reyna:* Die Enttäuschung. In: AwBibl 133, S. 151–156.

X. *Zubiri:* Naturaleza, historia, Dios, Madrid 1944.

X. *Zubiri:* Sobre la esencia, Madrid 1962.

6.16 Heidegger in Japan

Das vielleicht erstaunlichste Phänomen in der bisherigen Wirkungsgeschichte des Heideggerschen Denkens ist die außerordentlich intensive und extensive Heidegger-Rezeption in Japan. (Zu den japanischen Übersetzungen s. o. 1.4; in der zweiten der Sass'schen Bibliographien gibt es sogar einen eigenen

Teil ›Heidegger in Japan‹.) Bereits 1921 nahm der erste Japaner (T. Yamanouchi) an den Lehrveranstaltungen des Freiburger Privatdozenten teil. 1922 kam dann H. *Tanabe*, einer der bedeutendsten japanischen Philosophen, nach Freiburg. Von ihm stammt (wenn man von einigen Rezensionen des Duns Scotus-Buches absieht) der im engeren Sinne erste Beitrag der Heidegger-Literatur überhaupt, nämlich ein Aufsatz in japanischer Sprache mit dem Titel »Neue Wendung in der Phänomenologie – Heideggers Phänomenologie des Lebens« (1924). Tanabe berichtete hier über die von Heidegger damals vorerst nur in seinen Lehrveranstaltungen entwickelten neuen Gedanken, die dann später in die existenziale Analyse von »Sein und Zeit« eingehen sollten. In der Folgezeit riß die Reihe der japanischen Philosophen bzw. Philosophiestudenten (übrigens meist von der Universität Kyoto), die bei Heidegger in die Lehre gingen, nicht mehr ab. Genannt seien Graf *Kuki* (der den Japanern erstmals »Sein und Zeit« erläuterte), K. *Nishitani* (der ihnen erstmals den Heidegger nach der ›Kehre‹ vermittelte) und dessen (sowie Tanabes) Schüler K. *Tsujimura* (der mit seiner Festrede zu Heideggers 80. Geburtstag vielleicht den bisher besten Einblick in das Thema ›Heidegger in Japan‹ gab). Berühmt wurde das gleichfalls durch den Besuch eines Japaners veranlaßte »Gespräch von der Sprache«, das Heidegger teilweise veröffentlichte (USp 83–155; vgl. auch Heideggers Briefwechsel mit Kojima, Nr. 68).

Was sind die Gründe und Hintergründe für diese Beziehungen zwischen Heidegger und Japan? Die vor über einem Jahrhundert begonnene Europäisierung hat die japanische Kultur und Philosophie von ihren eigenen, ganz andersartigen Traditionen weitgehend entfremdet. Japan gehört heute zu denjenigen Ländern, in denen Industrialisierung und Technisierung am weitesten fortgeschritten sind. Es liegt nahe, daß für jene, die diese Entwicklung nicht oder nicht vorbehaltlos akzeptieren, ein Denken interessant wird, dem die europäische Geschichte von den Griechen bis zur modernen Technik letztlich ja gleichfalls als ein einziger Prozeß der Entfremdung – nämlich der Seinsverlassenheit – gilt.

Mit dem schnellen Herstellen von Beziehungen zwischen der Philosophie Heideggers und dem *Zen-Buddhismus* sollte man zwar vorsichtig sein (so dem Sinne nach auch Heidegger selbst in dem erwähnten »Gespräch von der Sprache«); Verwandtschaften gibt es aber hier sicherlich. Tsujimura konnte in seiner Festrede feststellen: »Heideggers Denken und der Zen-Buddhismus sind mindestens darin einig, das vorstellende Denken zu Boden zu schlagen.« (S. 19)

E. F. Hirsch: Martin Heidegger and the East. In: Philosophy East and West 20 (1970) 247–263.
T. A. Imanichi: Die gegenwärtige Lage der japanischen Philosophie. In: Philos. Perspektiven 1 (1969) 318–330.
N. C. Nielsen: Zen Buddhism and the philosophy of Martin Heidegger. In: Atti del XII Congresso internazionale di Filosofia, Venezia 1958. Bd. X: Filosofie orientali e pensiero occidentale, Firenze 1960, 131–137.
H. Tanabe: Todesdialektik. In: AwBibl 133, S. 93–133.
K. Tsujimura: Martin Heideggers Denken und die japanische Philosophie [Festvortrag bei der von der Stadt Meßkirch veranstalteten Feierstunde zu Heideggers 80. Geburtstag]. In: AwBibl 137, S. 9–19.
T. Umehara: Heidegger and Buddhism. In: Philosophy East and West 20 (1970) 271–281.

6.17 Verschiedenes

In lockerer Aufzählung mögen noch einige weitere Aspekte der Rezeptions- bzw. Wirkungsgeschichte des Heideggerschen Denkens angedeutet werden.

Natürlich gibt es Beziehungen zur *bildenden Kunst.* Hans *Arp,* Georges *Braque* und Hap *Grieshaber* lieferten graphische Beiträge für die Festschrift zu Heideggers 70. Geburtstag (AwBibl 133, S. 305, 173, 349). Es war die ›Bayrische Akademie der Schönen Künste‹, in der Heidegger in den 50er Jahren einige seiner aufsehenerregenden Vorträge hielt (»Die Frage nach der Technik«, »Das Ding«, beide in VA; »Der Weg zur Sprache«, in USp). Mit dem langjährigen Präsidenten der Akademie, dem namhaften Bühnenbildner und Illustrator Emil *Preetorius* stand Heidegger in persönlichen Beziehungen. (Vgl. Heideggers Beitrag »Anmerkungen über die Metaphysik« [z. T. identisch mit »Überwindung der Metaphysik« in VA] zur Preetorius-Festschrift »Im Umkreis der Kunst«, 1954, 117–136; Preetorius revanchierte sich bei Heideggers 70. Geburtstag.) – In der Kunst*wissenschaft* ist Kurt *Bauch* von Heidegger beeinflußt.

Eher ein Einzelfall ist dagegen Carl Friedrich *von Weizsäkkers* Versuch geblieben, Beziehungen zwischen der theoretischen *Physik* und dem Denken Heideggers herzustellen.

Während man einer Information des ›Spiegel‹-Redakteurs Dieter Wild aus dem Jahre 1969, wonach sich die Aristokraten der südvietnamesischen Intelligenz der Philosophie Heideggers verschrieben haben sollen (vgl. ›Der Spiegel‹ vom 29. 12. 1969,

S. 55), inzwischen kaum noch Relevanz zubilligen kann, verdient die neuere massive *Heidegger-Rezeption in den USA* (etwa seit Anfang der 60er Jahre) großes Interesse, zumal Heidegger dort lange Zeit nur wenig beachtet wurde. Die bisher umfangreichste Darstellung des Heideggerschen Denkens überhaupt (auf nicht weniger als 764 Seiten) stammt von einem amerikanischen Jesuiten (W. J. Richardson: s. AwBibl 97). Auch in den USA mag, wie in Japan, das Unbehagen am fortgeschrittenen Stand der Technisierung das gestiegene Interesse für Heideggers Philosophie mitmotiviert haben. Daneben dürfte allerdings auch die allgemein feststellbare Tendenz zum Abbau der Fronten und Grenzen zwischen der angelsächsischen Philosophie auf der einen und der kontinentaleuropäischen auf der anderen Seite eine wichtige Rolle spielen.

Genau in diesen Kontext gehört auch der Versuch von Th. *Kisiel*, im Zuge der in letzter Zeit innerhalb der wissenschaftstheoretischen Diskussion konstatierbaren Interessenverschiebung von der ›logic of justification‹ (vom Begründungszusammenhang) zur ›logic of discovery‹ (zum Entdeckungszusammenhang: Stichworte ›Theoriendynamik‹, ›Struktur wissenschaftlicher Revolutionen‹) Heideggersche – sowie Husserlsche und Gadamersche – Positionen oder Einsichten für eine Phänomenologie der Wissenschaft und eine Hermeneutik naturwissenschaftlicher Entdeckung fruchtbar zu machen. Kisiel ist es schließlich auch, der auf Beziehungen und Analogien zwischen Heidegger und Jürgen *Habermas* hinweist (z. B. zwischen Besorgen, Fürsorge, Sorge ums selbst in »Sein und Zeit« und Arbeit, Interaktion, Emanzipation in »Erkenntnis und Interesse«). Der Sammelband, in dem Kisiel dies tut, ist herausgegeben von W. *Dallmayr*, der im Vorwort »aus der überseeischen Perspektive« im »Verhältnis zwischen der Frankfurter und der Freiburger Schule« »Gemeinsamkeiten des Blickpunkts« stärker hervortreten sieht (s. 8). Liegen hier Gesichtspunkte zukünftiger Heidegger-Forschung und -Rezeption? Nochmals und abschließend Dallmayr: »Habermas' erkenntnistheoretisches Argument trifft sich [. . .] weitgehend mit Intentionen, die die Freiburger Schule seit Husserls Lehrtätigkeit zentral bestimmt haben. Die Herausarbeitung des Nexus von Erkenntnis und tiefsitzenden Interessenstrukturen findet eine Parallele sowohl in Husserls ›Krisis‹ wie auch in seiner grundlegenden Studie über ›Erfahrung und Urteil‹; der gleiche Nexus bildet auch das Leitmotiv in Heideggers – und Gadamers

– Untersuchungen über die intime Verbindung von Wissen und ›Vorwissen‹, Verständnis und ›Vorverständnis‹.« (S. 8)

Kunst und Kunstwissenschaft

K. Bauch: Die Kunstgeschichte und die heutige Philosophie. In: AwBibl 132, S. 88–93.

E. Preetorius: Vom Geheimnis des Sichtbaren. In: AwBibl 133, S. 249–251.

Physik

C. F. von Weizsäcker: Beziehungen der theoretischen Physik zum Denken Heideggers. In: AwBibl 132, S. 172–174.

USA

P. Emad: Über den gegenwärtigen Stand der Interpretation des Denkens Heideggers in englischer Sprache. In: ZphF 27 (1973) 284–301.

Wissenschaftstheorie

T. Kisiel: Science, phenomenology and the thinking of being. In: Phenomenology and the natural sciences, hrsg. von J. J. Kockelmans u. T. Kisiel, Evanston 1970, 167–183.

T. Kisiel: Zu einer Hermeneutik naturwissenschaftlicher Entdeckung. In: Zsch. f. allg. Wiss.-th. 2 (1971) 195–221.

T. Kisiel: On the dimensions of a phenomenology of Science in Husserl and the young Dr. Heidegger. In: Journal of the British Society for Phenomenology 4 (1973) 217–234.

Habermas

W. Dallmayr: Vorwort zu: Materialien zu Habermas' »Erkenntnis und Interesse«, hrsg. von *W. Dallmayr,* 1974, 7–9.

T. Kisiel: Habermas' Reinigung von reiner Theorie: Kritische Theorie ohne Ontologie? In: Materialien zu Habermas' »Erkenntnis und Interesse«, hrsg. von *W. Dallmayr,* 1974, 295–317.

Nachtrag

Zu 6.5 (Schelling):

P. *Emad:* Heidegger on Schelling's Conception of Freedom. In MaW 8 (1975) 157–174.

Zu 6.6 (H. Marcuse):

H. *Marcuse* und A. *Schmidt:* Existenzialistische Marx-Interpretation, 1973 [Neudruck von Marcuses oben S. 98 angeführten beiden Aufsätzen von 1928 bzw. 1929 und von Schmidts oben S. 97 angeführtem Aufsatz; dazu ein neuer Beitrag von Schmidt: »Statt eines Vorworts: Geschichte als verändernde Praxis«].

Zu 6.8

Husserls (nur implizit, ohne Namensnennung geäußerte) Kritik an Heidegger ist auch herauszulesen aus:

E. *Husserl:* Ideen zu einer reinen Phänomenologie und phänomenologischen Philosophie, 3. Buch, Den Haag 1952. Nachwort, bes. 140.

(Die folgende Angabe auch zu 4.2.2, S. 51 und zu 6.10 *[Sartre]*:)

H. L. *Dreyfus:* The Priority of *The* World to *My* World: Heidegger's Answer to Husserl (and Sartre). In: MaW 8 (1975) 121–130.

Es wurden nahezu sämtliche Namen aus dem Text *und* den Literaturhinweisen (incl. Auswahlbibliographie) erfaßt; bei den Literaturangaben wurden nicht nur die Verfassernamen, sondern auch solche Namen, die in den *Titeln* vorkommen, ausgewertet.

Abbagnano, N. 122 f.
Abraham a Santa Clara 7
Acham, K. 53
Adkins, A. W. H. 70
Adorno, Th. W. 13, 42, 49, 51, 66, 83, 97, 109
Ahlers, R. 66
Aichinger, I. 116
Alderman(n), H. (G.) 66, 68
Allemann, B. 13, 77, 79 f., 83, 118
Alquié, F. 13, 109
Amore, B. d' 123
Anaximander 2, 6, 59, 62 f., 89 f.
Anders, G. s. Stern, G.
Anderson, J. M. 68
Angelus Silesius 72
Anz, W. 70
Apel, K.-O. 13, 52, 70, 103 f.
Arendt, H. 13, 21, 25, 83
Aristoteles 2, 6, 24, 28, 34, 39, 63, 89–91
Arp, H. 126
Assaad-Mikhail, F. 99
Astrada, C. 120, 123 f.
Augustinus 36, 88
Axelos, K. 97 f.
Azevedo, J. L. de 77

Bachmann, I. 103, 116
Baeumler, A. 82
Ballard, E. G. 13
Ballauff, Th. 87, 120 f.
Ballmer, K. 83
Balthasar, H. U. von 113
Barth, H. 113
Barth, K. 27, 53, 112–115
Bartky, S. L. 73
Bauch, K. 126, 128
Bauer, G. 53
Beaufret, J. 5, 8, 13, 52, 90, 94–96, 98 f., 101, 108 f.
Beck, M. 95
Becker, O. 74, 87
Behl, L. 104
Benn, G. 72
Bense, M. 116
Berdiaeff (= Berdjajew), N. A. 110
Bergson, H. 36
Berlinger, R. 87
Beyer, W. R. 13, 83, 96, 98, 113
Biemel, W. 13, 20 f., 51 f., 73, 87, 100 f.
Binswanger, L. 87, 119
Birault, H. 94
Bloch, E. 97
Bobbio, N. 123
Bock, I. 70
Boehm, R. 68, 111
Boelen, B. J. 121
Boer, W. de 13
Bollnow, O. F. 38, 77, 87, 109, 120 f.
Bondy, F. 8, 83
Borgmann, A. 70
Boss, M. 87, 119
Bossart, W. H. 73
Braig, C. 24 f., 28
Braque, G. 8, 126
Brecht, F. J. 111
Brechtken, J. 13, 113
Brelage, M. 42
Brentano, F. 24, 28, 30
Bretschneider, W. 13, 52, 64
Brinkmann, D. 119
Bröcker, W. 13, 70, 87, 91
Brown, J. 113

Brüning, W. 101
Buber, M. 13, 113, 121
Bucher, A. J. 14
Buddeberg, E. 118
Bürkle, H. 53
Buggle, H. 119
Buhr, H. 87
Bultmann, R. 27, 87, 112–115

Camus, A. 107, 111
Caputo, J. D. 37
Carnap, R. 54, 102
Cassirer, E. 4, 27, 38, 55 f.
Castelli, E. 109
Celan, P. 116 f.
Ceñal, R. 122–124
Champigny, R. 110
Chandra, S. S. 53
Chapelle, A. 10, 14
Char, R. 8
Chiodi, P. 90, 104, 123
Cochrane, A. C. 114
Cobb, J. B. 115
Cohen, H. 55, 95
Coreth, E. 92, 94, 114
Corvez, M. 114
Cotten, J. B. 14
Cousineau, R. H. 14, 121
Couturier, F. 14, 51
Croce, B. 122

Dallmayr, W. 127 f.
Danner, H. 114
Declève, H. 92
Deely, J. N. 14, 64
Del-Negro, W. 37
Delp, A. 14
Demske, J. M. 14, 53
Derrida, J. 108
Descartes, R. 39 f., 46, 63
Dessauer, F. 66
Diemer, A. 14, 109
Dilthey, W. 16, 25, 35, 52 f., 57, 118, 122
Doherty, J. E. 92
Dondeyne, A. 64
Dostojewski, F. M. 25
Dreyfus, H. L. 129
Dubsky, I. 94
Duda, S. 111
Dufrenne, M. 56, 108
Duns Scotus 4, 30 ff.
Duroché, L. L. 118

Eckhart 88
Eich, G. 116 f.
Emad, P. 128 f.
Engelhardt, P. M. 91
Erdmann, B. 30
Erickson, S. A. 104
Ernst, W. 114

Fabro, C. 123
Fahrenbach, H. 14, 121
Falk, W. 118
Farber, M. 52
Fay, T. A. 104
Faye, J. P. 79, 83
Fédier, F. 79 f., 83
Feick, H. 9 f., 12, 63, 86
Fellermeier, J. 91
Fichte, J. G. 2, 93–95
Fink, E. 8, 27, 64, 86 f., 101
Fischer, A. 14
Flitner, A. 85
Folwart, H. 101
Fontaine-De Visscher, L. 70
Foulquié, P. 109
Franz, H. 114
Franzen, W. 14, 42, 77, 83
Frege, G. 29
Freud, S. 51
Frings, M. S. 8, 14, 52
Fuchs, E. 114
Fürstenau, P. 14, 77

Gabriel, L. 64, 109
Gadamer, H.-G. 7, 14, 22, 37, 47, 52, 70, 73, 87, 94, 114, 118, 127
Gajdenko, P. P. 14
Gandillac, M. de 21, 78, 83, 108, 110
Gaos, J. 123 f.
García Bacca, J. D. 123 f.
Gelley, A. de 118

Gelven, M. 10, 14
Gent, W. 121
George, R. T. de 98
George, St. 72, 116
Gethmann, C. F. 14, 51 f.
Gethmann-Siefert, A. 14, 114
Geyser, J. 29
Gilson, E. 114
Gipper, H. 42
Giroux, L. 53
Goethe, J. W. 72
Goff, R. 90, 104
Gogh, V. van 71
Goldmann, L. 36 f., 96–98
Gould, C. C. 52
Graff, W. L. 118
Granel, G. 101
Grass, G. 117
Grieshaber, H. 126
Grisebach, E. 56
Gröber, C. 24
Grossner, C. 14, 83, 121
Groves, J. L. 124
Gruber, W. 73
Gründer, K. 14, 64, 68, 114
Grundmann, W. 114
Grzesik, J. 53
Guardini, R. 121
Guilead, R. 14
Gupta, R. K. 56
Gurvitch, A. 110

Haag, K. H. 42
Habermas, J. 15, 64, 78, 82 f., 94, 127 f.
Haeffner, G. 15
Hall, R. L. 73
Harms, J. 83
Harries, K. 73, 104
Hartmann, K. 109
Hartwig, Th. 109
Hayes, D. G. 99
Heaton, J. M. 104
Hebel, J. P. 6, 72, 116, 118
Heftrich, E. 99
Hegel, G. W. F. 2 f., 5 f., 16, 24 f., 31, 34, 39 f., 57, 59, 63, 93–95, 107, 115
Heidegger, F. 21
Heidemann, I. 15, 73
Heinemann, F. H. 109
Heinemann, W. 121
Heise, W. 96, 98
Heiss, R. 119
Heissenbüttel, H. 116
Heitsch, E. 52
Heller 103
Hempel, H. P. 84
Henneberg 116
Henrich, D. 56
Heraklit 2 f., 6, 8, 27, 59, 62 f., 67, 69, 89
Herrmann, F. W. von 15, 51, 58, 75, 77, 89, 101
Hirsch, E. F. 73, 116
Hirsch, W. 90
Hitler, A. 78–85
Hobe, K. 37
Hölderlin, F. 1–3, 5, 25, 59, 63, 65, 70–73, 116, 118 f.
Hofmann, P. 15
Hollenbach, J. M. 91
Holthusen, H. E. 116
Holz, H. H. 110
Homer 72
Hommes, J. 15
Hood, W. F. 66
Hoppe, H. 92
Horgby, I. 104
Horkheimer, M. 66
Howey, R. L. 99
Huch, K. J. 15, 42
Hühnerfeld, P. 15, 20 f., 26, 49, 51, 79, 84
Hüni, H. 42
Husserl, E. 8, 15, 18, 22, 25, 28–30, 33–35, 40, 42 f., 53, 62, 99–102, 106, 108, 122, 127–129
Ijsseling, S. 98
Ilting, K.-H. 90
Imanichi, T. A. 126
Inciarte, F. 102
Ittel, G. W. 114

Jäger, H. 70, 74, 118

Jaspers, K. 51, 53, 66, 95, 99, 106 f., 109–111, 114 f., 121 f.
Jolivet, R. 53, 109 f.
Jonas, H. 88, 114
Jünger, E. 15, 69, 116
Jünger, F. G. 65, 116

Kafka, F. 15, 116
Kamlah, W. 47, 66, 88
Kampits, P. 110
Kant, I. 1, 2, 4, 7, 20, 34, 39 f., 42, 54–57, 59, 63, 88, 92–94, 101, 109
Kanthack, K. 15
Kaulbach, F. 92
Kaufmann, F. W. 118
Kelkel, A. L. 17
Kemp, F. 116
Kierkegaard, S. 25, 27, 48, 51 f., 88, 105, 109 f., 113 f., 122
King, M. 15
Kisiel, Th. 127 f.
Klee, P. 117
Klenk, G. F. 92
Knittermeyer, H. 15, 109
Kockelmans, J. J. 15, 71
Köchler, H. 15
Koenne, W. 66
Koepp, B. 51, 114
Kojève, A. 107
Kojima, T. 8, 125
Kolleritsch, A. 52
Kommerell, M. 8
Korn, K. 84
Kosík, K. 97 f.
Koyré, A. 110
Koza, I. 92
Kraft, J. 15, 101
Krell, D. F. 99
Krieck, E. 81 f., 84, 117
Krockow, Ch. von 15, 79, 81, 84, 116, 120
Krüger, G. 15, 56, 88, 90
Külpe, O. 29
Kuhn, H. 60
Kuhr, A. 15
Kuki 125
Kunz, H. 119
Kuschbert-Tölle, H. 68, 90

Laffoucrière, O. 15, 63, 90, 99
Landgrebe, L. 15, 88, 101, 111
Landmann, M. 49, 53
Landolt, E. 12, 86
Langan, Th. 15
Langlois, J. 91
Lask, E. 25, 29, 31 f., 37
Lefebvre, H. 109
Lehmann, G. 52
Lehmann, K. (I) 53
Lehmann, K. (II) 37, 42
Leibniz, G. W. 2, 59, 63
Leist, F. 99
Lenz, J. 109
Levinas, E. 15, 101, 108 f.
Levine, S. K. 74
Levy, H. 56
Lewalter, Ch. E. 78, 82, 84
Lipps, Th. 30, 88
Löwith, K. 16, 21 f., 26, 61, 77 f., 84, 87 f., 99, 113 f.
Lohmann, J. 16, 64, 88
Loreau, M. 66
Lorenz, K. 71
Lorenzen, P. 47
Lotz, J. B. 16, 61, 88, 91, 114
Luck, U. 114
Lübbe, H. 12, 103
Lukács, G. 13, 16, 36 f., 49, 51, 78 f., 84, 96, 98, 107, 110
Luther, M. 36

Macomber, W. B. 52
Macquarrie, J. 16, 114
Magnus, B. 99
Maier, H. 30
Maier, R. N. 116
Maihofer, W. 120
Malik, Ch. H. 53
Maraldo, J. C. 52
Marcel, G. 16, 105, 107 f., 110 f.
Marck, S. 111
Marcuse, H. 49, 66, 84, 87 f., 93, 97 f., 100, 129
Marcuse, L. 84

Marías, J. 123 f.
Marquard, O. 56, 104
Marten, R. 43
Martin, V. R. 124
Marty, A. 30
Marx, K. / Marxismus 16, 95–98, 107, 120, 123
Marx, W. 16, 64, 90
Masson, R. 114
Maurer, R. 66, 97, 120
Mayer, A. 122
Mayorga, R. 64
McCormick, P. 104
Mehta, J. L. 16
Meinertz, J. 120
Meinong, A. 29
Meister, E. 116
Mende, G. 16, 96, 98
Merlan, P. 101
Merleau-Ponty, M. 108, 110 f.
Messer, A. 29
Metz, J. B. 16
Metzger, A. 98
Meulen, J. van der 16, 77, 93 f.
Meyer, H. 91
Michailow, A. 77, 84, 96, 98
Mill, J. St. 30
Minder, R. 22, 79, 84, 118
Misch, G. 16, 100 f.
Mittelstrass, J. 71
Möller, J. 99, 114
Mörchen, H. 16, 56
Mörike, E. 72, 117
Mora 103
Morscher, E. 37
Mougin, H. 94 f., 110
Mozart, W. A. 71
Mraz, D. 71
Müller, M. 16, 50, 58, 61, 77, 88, 91 f., 101, 105 f., 110, 114
Müller-Lauter, W. 16, 51, 53, 77
Müller-Schwefe, H.-R. 110
Muschg, W. 117 f.

Naber, A. 77
Nadler, K. 95
Natorp, P. 55
Naumann, H. 117
Needleman, J. 120
Neulichedl, K. 51
Neumann, R. 117
Nielsen, N. C. 114, 126
Nietzsche, F. 2 f., 5–7, 25, 32, 59, 63, 88, 99, 105, 109–111, 122
Nink, C. 16
Nishitani, K. 125
Noack, H. 88, 112, 115
Noller, G. 16, 115
Novalis, F. 72

Oeing-Hanhoff, L. 64
Olafson, F. A. 51
Oltmanns, K. 88
Ortega y Gasset, J. 122
Ott, H. 17, 68, 77, 115
Oyen, H. van 121

Paci, E. 122 f.
Palmier, J.-M. 79, 84
Pareyson, L. 123
Parmenides 2 f., 6, 59, 62 f., 67, 89 f.
Pascal, B. 105
Passweg, S. 101
Patočka, J. 97 f.
Patri, A. 79, 84
Paulus 36
Paumen, J. 99
Pelegri, J. 124
Perotti, J. L. 17, 115
Perpeet, W. 74
Petrović, G. 96, 98
Peursen, C. A. van 121
Pfeiffer, J. 111, 118
Pflaumer, R. 17, 64, 77
Picard, Y. 101
Pindar 72
Pinthus, K. 26
Platon 2, 5, 39, 45, 58 f., 63, 89 f., 99
Pöggeler, O. 17, 22, 37, 64, 68, 76 f., 79, 84, 86, 89, 121
Polak, C. 121
Poliakov, L. 85
Prange, K. 17, 104

Preetorius, E. 126, 128
Presas, M. A. 101
Przywara, E. 101
Pugliese, O. 17, 49, 53, 61, 64, 76 f., 95

Rabil, A. 111
Rahner, K. 88, 91 f., 113–115
Ralfs, G. 52
Reding, M. 110 f.
Reinhardt, K. F. 110
Rest, W. 90
Resweber, J. B. 17
Rey, W. H. 118
Richardson, W. J. 7–9, 17, 58, 63, 68, 71, 77, 90, 92, 102, 127
Rickert, H. 22, 25, 30–33, 56
Ricoeur, P. 108
Rifka, F. 74
Rilke, R. M. 25, 70, 72, 116, 118 f.
Rioux, B. 92
Ritter, J. 38, 88
Robert, J. D. 110
Robinson, J. M. 115
Rohrmoser, G. 94, 97, 99
Rollin, B. E. 53
Rombach, H. 17, 89, 122
Rosales, A. 17
Rosen, St. 90
Rosenberg, A. 82
Rosenmayr, L. 17
Rothacker, E. 17
Ruprecht, E. 118
Russel, B. 29
Ryle, G. 102

Sachsse, H. 56, 66
Sadzik, J. 74
Sallis, J. 17, 51, 68
Sartre, J.-P. 13, 15, 41, 53, 94, 98, 105–111, 114, 119, 122, 129
Sass, H.-M. 3 f., 9, 11 f., 86, 124
Schacht, R. L. 102
Schaeffler, R. 17, 53, 66
Schaper, E. 104
Scheffler, J. s. Angelus Silesius
Scheler, M. 36, 101, 106
Schelling, F. W. J. 2, 8, 24 f., 59, 63, 88, 93–95
Schérer, R. 17
Schiller, F. 72
Schirmacher, W. 67
Schlageter 4
Schlawin, H. 64
Schleiermacher, F. E. D. 52
Schlier, H. 88, 115
Schmidt, A. 97, 129
Schmitt, C. 15, 79
Schmitt, R. 10, 17, 51
Schneeberger, G. 17, 21, 79, 84
Schneider, A. 22, 29
Schöfer, E. 17
Schottländer, R. 99
Schrag, C. O. 56
Schrey, H.-H. 115
Schrimpf, H. J. 118
Schultz, U. 56
Schulz, W. 17, 61, 76 f., 88, 94 f.
Schulz-Seitz, R.-E. 119
Schwan, A. 17, 77, 79, 84, 96, 98, 120 f.
Schwarz, J. 71
Schweppenhäuser, H. 71
Scott, Ch. E. 13
Sefler, G. F. 71, 104
Seidel, G. J. 17, 90
Sherover, Ch. M. 93
Sherry, C. E. 119
Sieben, K. 51
Siewerth, G. 88, 91 f., 115
Sigwart, Ch. 30
Simmel, G. 36
Simon, J. 71
Sinn, D. 18, 58, 64, 77
Sitter, B. 51, 121
Sladeczek, F. M. 113, 115
Smith, F. J. 102
Smith, P. Ch. 95
Sölle, D. 113
Sonnemann, U. 120
Sophokles 72
Specht, E. K. 43
Spencer, H. 30
Spengler, O. 26

Spiegelberg, H. 18, 102
Spitzer, L. 117
Springer, J. L. 95
Staiger, E. 8, 88, 117–119
Stallmach, J. 92
Starr, D. E. 90
Stassen, M. 71
Stavrides, M. M. 51
Stefanini, L. 123
Stegmüller, W. 18, 102
Steigerwald, R. 97
Stenius, E. 103
Stern, G. 51
Sternberger, A. 18, 53
Stifter, A. 25
Stohrer, W. J. 115
Strolz, W. 18
Struve, W. 88
Szilasi, W. 87 f.

Tafforeau, J.-P. 18
Taminiaux, J. 95
Tanabe, H. 125 f.
Taubes, S. A. 18
Tauxe, H.-Ch. 18
Theune, H.-J. 115
Theunissen, M. 52, 102, 111
Thielemans, H. 84
Thomas von Aquin 2, 91 f.
Thyssen, J. 51, 121
Tillich, P. 114
Topitsch, E. 18, 110
Toussaint, B. J. 52
Towarnicki, A. de 21, 78
Trakl, G. 25, 70, 72, 116, 118
Tran-Duc-Thao 98
Traub, F. 115
Trépanier, E. 102
Trivers, H. 95
Trotignon, P. 18
Tsujimura, K. 125 f.
Tugendhat, E. 18, 43, 52 f., 56, 58, 77, 89–91, 102

Ulmer, K. 88
Umehara, T. 126
Vail, L. M. 18
Vande Wiele, J. 99
Vanni-Rovighi, S. 123
Vega, R. de la 122
Versenyi, L. 18
Vietta, E. 18, 85, 88
Vöge, W. 25
Vogl, G. 53
Vogt, A. 52
Volkmann-Schluck, K. H. 71, 88
Vonessen, F. 64
Vonessen, H. 51
Vuillemin, J. 95
Vycinas, V. 18

Waelhens, A. de 18, 52 f., 56, 64, 78, 85, 95, 102, 108, 111
Wagner de Reyna, A. 123 f.
Wahl, J. 8, 18, 64, 105, 108, 110, 119
Warnock, M. 110
Weigl, L. 90
Weil, E. 78, 85
Weischedel, W. 88, 115
Weiss, H. 88, 90 f.
Weiss, Th. 53
Weizsäcker, C. F. von 121, 126
Weizsäcker, V. von 119
Welte, B. 64, 88, 91 f., 115
Werkmeister, W. H. 95
Whitehead, A. N. 29, 53
Wieland, W. 94
Windelband, W. 31
Wiplinger, F. 18, 49, 53
Wisser, R. 8, 68, 121
Wittenkemper, K. 115
Wittgenstein, L. 71, 102–104
Wolf, E. 120 f.
Wucherer-Hildenfeld, K. 51
Wulf, J. 85
Wundt, W. 30
Wust, P. 31
Yamanouchi, T. 125
Yorck von Wartenburg 35 f., 57
Yuasa, B. Sh. 121
Zubiri, X. 123 f.
Zuidema, S. U. 115

M 40 Halbach *Walther von der Vogelweide*
M 41 Hermand *Literaturwissenschaft und Kunstwissenschaft*
M 43 Glinz *Deutsche Syntax*
M 44 Nagel *Hrotsvit von Gandersheim*
M 45 Lipsius *Von der Bestendigkeit. Faksimiledruck*
M 46 Hecht *Christian Reuter*
M 47 Steinmetz *Die Komödie der Aufklärung*
M 48 Stutz *Gotische Literaturdenkmäler*
M 49 Salzmann *Kurze Abhandlungen über einige wichtige Gegenstände a. d. Religions- u. Sittenlehre. Faksimiledruck*
M 50 Koopmann *Friedrich Schiller I: 1759–1794*
M 51 Koopmann *Friedrich Schiller II: 1794–1805*
M 52 Suppan *Volkslied*
M 53 Hain *Rätsel*
M 54 Huet *Traité de l'origine des romans. Faksimiledruck*
M 55 Röhrich *Sage*
M 56 Catholy *Fastnachtspiel*
M 57 Siegrist *Albrecht von Haller*
M 58 Durzak *Hermann Broch*
M 59 Behrmann *Einführung in die Analyse von Prosatexten*
M 60 Fehr *Jeremias Gotthelf*
M 61 Geiger *Reise eines Erdbewohners i. d. Mars. Faksimiledruck*
M 62 Pütz *Friedrich Nietzsche*
M 63 Böschenstein-Schäfer *Idylle*
M 64 Hoffmann *Altdeutsche Metrik*
M 65 Guthke *Gotthold Ephraim Lessing*
M 66 Leibfried *Fabel*
M 67 von See *Germanische Verskunst*
M 68 Kimpel *Der Roman der Aufklärung*
M 69 Moritz *Andreas Hartknopf. Faksimiledruck*
M 70 Schlegel *Gespräch über die Poesie. Faksimiledruck*
M 71 Helmers *Wilhelm Raabe*
M 72 Düwel *Einführung in die Runenkunde*
M 73 Raabe *Einführung in die Quellenkunde zur neueren deutschen Literaturgeschichte*
M 74 Raabe *Quellenrepertorium zur neueren deutschen Literaturgeschichte*
M 75 Hoefert *Das Drama des Naturalismus*
M 76 Mannack *Andreas Gryphius*
M 77 Straßner *Schwank*
M 78 Schier *Saga*
M 79 Weber-Kellermann *Deutsche Volkskunde*
M 80 Kully *Johann Peter Hebel*

M 81 Jost *Literarischer Jugendstil*
M 82 Reichmann *Deutsche Wortforschung*
M 83 Haas *Essay*
M 84 Boeschenstein *Gottfried Keller*
M 85 Boerner *Tagebuch*
M 86 Sjölin *Einführung in das Friesische*
M 87 Sandkühler *Schelling*
M 88 Opitz *Jugendschriften. Faksimiledruck*
M 89 Behrmann *Einführung in die Analyse von Verstexten*
M 90 Winkler *Stefan George*
M 91 Schweikert *Jean Paul*
M 92 Hein *Ferdinand Raimund*
M 93 Barth *Literarisches Weimar. 16.–20. Jh.*
M 94 Könneker *Hans Sachs*
M 95 Sommer *Christoph Martin Wieland*
M 96 van Ingen *Philipp von Zesen*
M 97 Asmuth *Daniel Casper von Lohenstein*
M 98 Schulte-Sasse *Literarische Wertung*
M 99 Weydt *H. J. Chr. von Grimmelshausen*
M 100 Denecke *Jacob Grimm und sein Bruder Wilhelm*
M 101 Grothe *Anekdote*
M 102 Fehr *Conrad Ferdinand Meyer*
M 103 Sowinski *Lehrhafte Dichtung des Mittelalters*
M 104 Heike *Phonologie*
M 105 Prangel *Alfred Döblin*
M 106 Uecker *Germanische Heldensage*
M 107 Hoefert *Gerhart Hauptmann*
M 108 Werner *Phonemik des Deutschen*
M 109 Otto *Sprachgesellschaften des 17. Jahrh.*
M 110 Winkler *George-Kreis*
M 111 Orendel *Der Graue Rock (Faksimileausgabe)*
M 112 Schlawe *Neudeutsche Metrik*
M 113 Bender *Bodmer/Breitinger*
M 114 Jolles *Theodor Fontane*
M 115 Foltin *Franz Werfel*
M 116 Guthke *Das deutsche bürgerliche Trauerspiel*
M 117 Nägele *J. P. Jacobsen*
M 118 Schiller *Anthologie auf das Jahr 1782 (Faksimileausgabe)*
M 119 Hoffmeister *Petrarkistische Lyrik*
M 120 Soudek *Meister Eckhart*
M 121 Hocks/Schmidt *Lit. u. polit. Zeitschriften 1789–1805*
M 122 Vinçon *Theodor Storm*
M 123 Buntz *Die deutsche Alexanderdichtung des Mittelalters*